개정판

형평운동

진주문화를 찾아서 3

형평운동

초 판 1판 1쇄 발행 2001년 7월 11일
개정판 1판 1쇄 발행 2025년 8월 14일

지 은 이 | 김중섭
사 진 | 김우태/김중섭
펴 낸 이 | 김진수
펴 낸 곳 | 한국문화사
등 록 | 제1994-9호
주 소 | 서울시 성동구 아차산로49, 404호(성수동1가, 서울숲코오롱디지털타워3차)
전 화 | 02-464-7708
팩 스 | 02-499-0846
이 메 일 | hkm7708@daum.net
홈페이지 | http://hph.co.kr

ISBN 979-11-6919-339-9 04380

오류를 발견하셨다면 이메일이나 홈페이지를 통해 제보해주세요.
소중한 의견을 모아 더 좋은 책을 만들겠습니다.

진주문화를 찾아서 3

개전판

형평운동

김중섭 · 글 | 김우태/김중섭 · 사진

한국문화사

진주문화를 찾아서 편간위원회 위원(가나다 차례)

김덕환(경상국립대학교 중어중문학과 교수)
김세호(경상국립대학교 한문학과 교수)
김연희(진주문화연구소 이사)
남성진(진주문화연구소 전임연구원)
박용식(경상국립대학교 국어국문학과 교수)
오세현(경상국립대학교 사학과 교수)
정경우(진주문화연구소 이사장)
최규홍(진주교육대학교 국어교육과 교수)

<진주문화를 찾아서>를 새롭게 시작하며

'진주문화를 찾아서' 시리즈는 2001년 『논개』, 『남명 조식』, 『형평운동』 등 세 권의 책을 같이 펴면서부터 시작하여 2024년 『진주의 사찰과 인물』까지 모두 스물네 권이 출판되었다. 거기에는 진주의 문화 예술계와 역사적 인물들, 역사적 사건들, 건축물, 자연과 풍광, 그리고 그 안에서 만들어진 말과 이야기들이 실려 있어서 진주를 속속들이 들여다볼 수 있는 내용들로 가득 차 있다. 지역 단위에서 스물네 해라는 긴 시간 동안 이렇게 지역문화총서를 꾸준히 발간한 일은 다른 어느 지역에서도 찾아보기 쉽지 않다.

'진주문화를 찾아서'의 문고 발간 사업은 1999년 설립된 남성문화재단의 주요 활동 중 하나였다. 김장하 이사장이 발간에 드는 모든 비용을 대고, 고 김수업 경상대학교 국어교육과 교수가 편간위원회를 꾸렸다. 진주를 잘 알고 있는 각 분야의 전문가로 구성된 편간위원회는 진주사람들에게 현재의 행정구역으로서 진주를 넘어 역사의 각 시대에 등장하는 진주의 강역 모두를 아울러, 진주의 자취를 제대로 알게 하자는 뜻에서 책을 펴내는 일을 시작하였다. 그리고 각 주제에 맞게 섭외한 집필진들에게 중학생 이상이라면 누구나 읽을 수 있도록 쉬운 말로 써 달라는 당부를 잊지 않았다. 오늘을 살아가는 진주사람들이 스물네 권을 읽는 동안 진주에 살았던 사람들이 남긴 진주정신을 깨치고 실천하며 살아가게 되리라는 바람도 담았다. 2005년부터는 진주문화연구소가 그 일을 맡아오며 진주에 대한 기록을 꾸준히 담아 왔다.

그동안 발간된 스물네 권의 책은 단지 읽는 것만으로 끝나지 않았다. 진주의 초, 중, 고 각급 학교에서 여러 교과 시간과 방과후 활동 시간에 지역을 제대로 깊이 알아가는 활동을 하게 하였다. 더 나아가 책을 읽고 떠나는 문화 기행과 이야기 마당으로서 문화사랑방을 열었고, 각 분야의 인물 조명사업을 더 세밀히 펼침으로써 진주 인근 지역이 별도의 자체 사업으로 선정하여 이어질 수 있도록 도왔다.

하지만 그동안 일을 진행해 오면서 진주에 살고 있는 중학생 이상이라면 누구나 쉽게 이해할 수 있는 책이 되도록 하겠다는 애초의 목표가 뜻대로 이루어지지는 않았다. 진주사람이라면 알아야 할 일들을 모아 책들이 엮어지는 과정에서 저자와 생각이 다른 부분도 생겼고 출판사가 바뀌기도 했다. 그리고 진주의 문화 예술 발전을 위해 오래 힘써온 남성문화재단이 지난 2021년 해산하면서 재단 기금을 경상국립대학교에 전액 기탁하게 되었고, 이로써 책을 내는 일과 책임을 경상국립대학교 진주학연구센터가 일부 맡게 되는 일도 생겼다. 새삼스레 다행스럽게 여기는 것은 '진주문화를 찾아서'가 계속 꾸준히 이어질 수 있다는 점이다.

우리는 아직도 진주에 대해 알아야 할 것들이 많다. '진주문화를 찾아서'에서는 그 일들을 끊이지 않고 이어나갈 것이다. 이 책을 읽는 이들은 진주에 발 딛고 숨 쉬며 살아간 사람들, 그들이 씨실과 날실로 짜낸 문화, 그 바탕이 되는 역사와 자연을 알아가는 기쁨을 함께 누리길 바란다.

2025년 8월

〈진주문화를 찾아서〉 편간위원회

『형평운동』 개정판을 내며

『형평운동』 출간 25년 만에 개정판을 내게 되었다. 그동안 발굴된 자료와 새롭게 규명된 형평운동 과정을 반영하여 내용을 대폭 보완하였다.

1923년 4월 진주에서 시작된 형평운동은 창립 1년 뒤 총본부를 서울로 옮겨 전국적인 사회운동으로 발전하였다. 일제 강점기에 단일 조직으로 가장 오랫동안 활동한 사회운동이지만, 이 책은 진주 역사와 문화를 알리고자 하는 '진주문화를 찾아서'의 발간 취지에 따라 진주 지역 중심으로 형평운동의 배경과 전개 과정을 서술하였다.

이 책이 형평운동을 이해하는 데 도움이 되기 바라며, 나아가 인간 존엄과 평등 사회를 구현하고자 했던 형평운동의 정신을 되새기는 데 활용되면 좋겠다.

김중섭

차례

〈진주문화를 찾아서〉를 새롭게 시작하며_5

『형평운동』 개정판을 내며_8

1. 형평사 - 백정의 희망

형평사와 형평운동 · · · · · · · · · · · · · · · · · · 15

1923년 4월 24일과 4월 25일 · · · · · · · · · · · · 20

형평사가 내건 목적 · · · · · · · · · · · · · · · · · · 22

조선의 신분 질서와 백정 · · · · · · · · · · · · · · 26

백정이 겪는 차별 · · · · · · · · · · · · · · · · · · · 30

백정은 어떻게 생겨났나? · · · · · · · · · · · · · · 36

2. 형평운동 발상지 진주

왜 진주인가? · 41

무너지는 신분제 · · · · · · · · · · · · · · · · · · · 48

동학이 내건 백정 해방과 갑오개혁 · · · · · · · · · 50

깨어나는 백정들 · · · · · · · · · · · · · · · · · · · 52

동석 예배 거부 사건과 화해 · · · · · · · · · · · · · · · 55
실패하는 백정운동 · · · · · · · · · · · · · · · · · · 59
사회의식을 일깨운 3.1운동 · · · · · · · · · · · · · · · 62
진주 지역의 역사적 유산 · · · · · · · · · · · · · · · · 66
형평사가 만들어지는 과정 · · · · · · · · · · · · · · · 69
형평사 창립을 이끈 사람들 · · · · · · · · · · · · · · · 72

3. 형평운동의 확산과 충돌

형평사 창립축하식 · · · · · · · · · · · · · · · · · · 80
전국으로 퍼지는 형평운동 · · · · · · · · · · · · · · · 84
눈에 보이는 형평운동 성과 · · · · · · · · · · · · · · · 87
진주에서 벌어진 형평사 반대 활동 · · · · · · · · · · · 89
결사적으로 저항하는 형평사원들 · · · · · · · · · · · · 95
형평운동을 응원하는 사회 · · · · · · · · · · · · · · 100
형평사 내부의 파벌 다툼 · · · · · · · · · · · · · · · 102
진주 본사에서 서울 총본부로 · · · · · · · · · · · · · 106

4. 형평사의 발자취

발전하는 형평사 · 111
인권 지평을 넓히는 형평운동 · · · · · · · · · · · · · · 121
공동체운동으로서 형평운동 · · · · · · · · · · · · · · 130
늘어나는 대외 협력 · · · · · · · · · · · · · · · · · · 137
수평사와의 교류와 연대 · · · · · · · · · · · · · · · · 140
형평운동의 퇴조 · · · · · · · · · · · · · · · · · · · 144
일제가 조작한 형평청년전위동맹 사건 · · · · · · · · · 147
형평사에서 대동사로 · · · · · · · · · · · · · · · · · 150

5. 형평운동 뜻을 기리는 진주

되살아난 형평운동의 역사 · · · · · · · · · · · · · · · 155
진주성 앞에 선 형평운동 기념탑 · · · · · · · · · · · 159
형평운동이 남긴 뜻 · · · · · · · · · · · · · · · · · · 168

글쓴이 소개_173

1.
형평사 – 백정의 희망

공평(公平)은 사회의 근본이요 애정은 인류의 본량(本良)이다. 그러므로 우리는 계급을 타파하며 모욕적 칭호를 폐지하며 교육을 장려하여 우리도 참사람이 되기 바라는 것이 본사의 주지이다.

- '형평사 주지' 첫머리

형평사와 형평운동

"사람 위에 사람 없고, 사람 아래 사람 없다." 오늘날에 중요하게 여기는 인간 평등의 보편적 원리다. 그런데 조선 시대에는 신분에 따라 귀한 사람, 천한 사람이 구분되었다. 신분은 직업을 결정하고 결혼 상

형평사 제6회 정기전국대회(1928년) 포스터.
형평운동 전성기에 열린 정기전국대회 포스터는 "전 조선에 흩어져있는 형평 계급아 단결하자" "갖가지 차별과 천시를 철폐하자"고 외치고 있다.

대를 선택하고 일상생활에서 사람 관계를 정하는 조건이었다. 이렇게 평생의 운명을 결정하는 신분은 부모 신분에 따라 결정되었다. 부모를 선택할 수 없듯이 신분을 선택할 수 없었다.

조선 시대 신분제에서 최하층 신분 집단은 천민이었다. 그 가운데에서도 가장 천한 대우를 받는 집단은 백정이었다. 그들은 갖가지 차별과 억압을 받으며 살아야 하는, 그야말로 천민 중의 천민이었다. 그들의 소망은 남들처럼 똑같이 대우받으며 사는 것이었다. 형평사는 그들의 소망을 실현하기 위한 단체였다.

형평사(衡平社)는 '저울[衡]처럼 공평[平]한 사회를 만들고자 한 단체[社]'라는 뜻이다. 당시에 사(社)는 단체를 일컫는 용어로 쓰였다. 원래 뜻은 그렇지만, 형평사는 백정의 꿈이고 외침이었던 "저울처럼 공평한 사회"를 줄인 말로 들린다.

요즘에 물건을 얹어 놓고 재는 전자식 저울이 유행이다. 그러나 예전에는 눈금이 새겨진 긴 저울대 한쪽에 재려는 물건을 놓고, 다른 쪽에는 저울추를 놓아 균형을 맞추며 무게를 재는 막대 저울이 널리 쓰였다. 막대 저울로 무게를 재려면, 양쪽을 공평하게 균형 잡아야 한다. 그렇게 양쪽을 공평하게 해야 저울이 제대로 작동한다. 그래서 저울은 공평의 상징으로 여긴다. 공정하고 평등하게 판결해야 한다는 의미에서 저울을 들고 있는 여신을 재판의 상징으로 그려놓는다.

저울은 가축을 잡고 고기를 파는 백정에게 꼭 필요한 도구였다. 공평은 그들에게 생명과 같은 것이었다. 그런데 실제 생활에서 백정은 한없이 불공평하게 차별받으며 살았다. 이유는 오로지 타고난 신분 탓이었다. 그래서 백정 차별을 없애기 위한 단체를 만들면서 자신들이 늘 사용하는 저울을 단체 이름에 넣어서 공평한 사회를 만들고자 하는 소망을 밝혔다.

이처럼 형평사 명칭에는 오랜 세월 사람대접도 못 받고 살아온 백정의 아픔이 깃들여 있었고, 모든 사람이 공평하게 대우받는 사회를 이루고자 하는 소망이 담겨있었다.

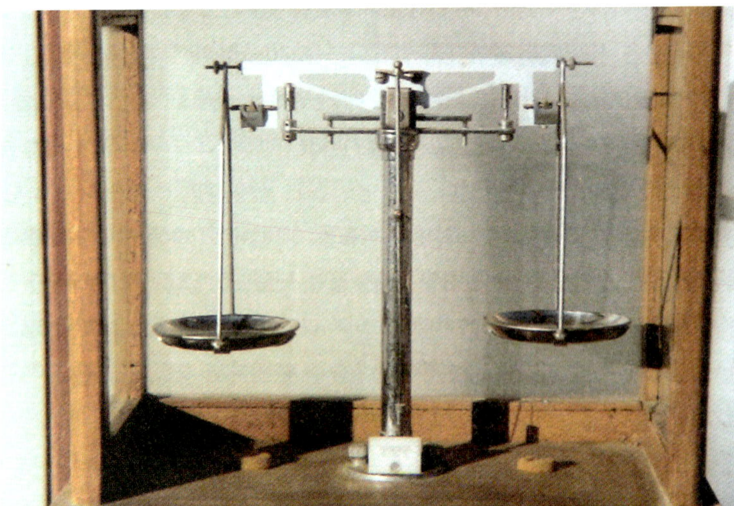

저울. 형평사(衡平社)는 백정이 직업상 항상 사용하는 저울[衡]처럼 공평한[平] 사회를 만들고자 한 단체[社]라는 뜻이다.

형평사는 1923년 4월 경남 진주에서 만들어졌다. 창립 목적은 백정 차별을 없애고 평등하게 대우받는 사회를 만들려는 것이었다. 곧, 형평사는 조선 5백 년 동안 사람대접을 받지 못하며 살아온 백정에 대한 차별을 없애고 평등한 대우를 주창하였다. 궁극적인 목적은 모든 사람이 똑같은 권리를 누리며 공평하게 대우받는 사회를 건설하는 것이었다. 그 뜻을 실현하기 위하여 백정과 사회운동가들이 열성적으로 활동하였다.

형평사는 1935년 4월 대동사로 이름을 바꿀 때까지 단일 조직을 유지하며 전국적으로 활동을 전개하였다. 이것은 일제 강점 35년 동안 전국 조직으로 가장 오랫동안 지속된 사회운동 단체로 기록된다. 이 단체의 활동을 형평운동이라고 일컫는다. 형평운동은 모든 사람이 평등하게 대우받는 사회를 만들기 위한 사회운동을 의미한다. 그러나 우리나라 역사에서 형평운동은 일제 강점기에 백정의 신분 차별을 없애고 인간 평등을 실행하고자 한 형평사 활동을 가리킨다. 당시 언론은 사회운동 영역을 언급할 때 농민, 형평, 청년, 여성 순으로 썼다. 곧, 형평운동은 일제 강점기의 주요 사회운동이었다. 그것은 우리나라 역사상 최초로 인간 평등을 주창하며 특정 집단에 대한 차별 관습을 없애기 위해 활동한 인권 발전의 금자탑으로 평가된다.

1923년 4월 24일과 4월 25일

1923년 4월 24일 한반도 남쪽 끝에 있는 경상남도 진주면 대안동의 진주청년회관에 약 70여 명의 사람이 모였다. 대부분은 백정 출신이었지만, 비백정 출신의 사회운동가들도 있었다. 그들은 형평사라는 단체를 결성하는 기성회를 개최하였다.

다음날 4월 25일에 같은 장소에서 형평사 발기총회가 열렸다. 당시 관행대로 기성회를 가진 다음에 단체 창립을 공식화하는 집회였다. 전날과 마찬가지로 진주 지역 백정과 사회운동가들이 참석하였다. 오랜 세월 모질게 차별받던 백정들이 공개적으로 모여서 단체를 결성한 것 자체가 놀라운 일이었다.

형평사 창립 집회가 열린 진주청년회관의 위치는 다소 불분명하다. 한국전쟁으로 파괴된 거리를 다시 조성한 탓인데, 오늘날 갤러리아 백화점 근처 골목이라고 추정된다. 당시 진주청년회관은 3.1운동 이후 폭발적으로 일어난 진주 지역 사회운동의 요람이었다. 진주의 젊은이들이 그곳에 모여 다양한 사회 개혁 단체를 만들고 근대 사회로 나아가고자 하는 활동을 벌였다. 이 건물에서 형평사 창립 집회가 열렸다는 것 자체가 형평운동과 진주 지역 사회운동의 밀접한 관계를 보여준다.

이틀에 걸친 창립 집회에서 형평사의 주요 사항이 결정되었다. 창립 취지를 밝힌 주지와 형평사 운영 및 활동 방침을 규정한 사칙이 채택되었다. 그리고 사원 교육기관 설치, 창립 축하식 개최, 형평사 취지를 알리는 선전 활동, 다른 지역의 조직 결성 지원 등 여러 활동 방안이 논의되었다.

이날 성해진 사칙을 보면, 형평사는 처음부터 진주에 본사, 도에 지사, 군 지역에 분사를 설치하는 전국적인 사회운동 단체를 계획한 것을 알 수 있다. 체계적인 전국 조직을 만들어 백정 해방 운동을 벌일 계획이었던 것이다. 구체적으로 지사와 분사는 활동 상황을 상급 기관에 보고할 의무가 있고 상급 기관의 회의 참석과 현안 문제를 결정할 권리를 가졌다. 그리고 분사 운용 규정을 본사 규정에 준하도록 하면서 상하 위계를 갖춘 유기적 조직을 구상하였다.

발기총회에서 위원 5인, 재무 1인, 간사 3인, 서기 1인, 이사 약간 명, 고문 약간 명을 둔다는 사칙에 따라 본사 임원을 선출하였다. 그 명단은 다음과 같다.

- 위원: 강상호, 신현수, 천석구, 장지필, 이학찬.
- 간사: 하석금, 박호득.
- 이사: 하윤조, 이봉기, 이두지, 하경숙, 최명오, 유소만, 유억만.
- 재무: 정찬조.
- 서기: 장지문.

임원진은 형평사를 이끄는 지도급 위원 5명과 실무 담당자로 구분되었다. 전국적인 사회운동을 계획하였지만, 진주 사람들만 모여 창립한 탓으로 임원진은 진주 지역 활동가와 백정들로 구성되었다.

발기총회에 참석한 사람들은 현장에서 600여 원의 의연금을 약속하였다. 당시 화폐 가치로 거액의 의연금 약속은 백정의 적극적인 참여 의지를 보여주었다. 형평사 중앙집행위원회는 이 의연금을 활용하여 형평사원과 자녀 교육을 위한 형평 야학의 설치 계획을 세웠다.

발기총회는 밤 12시에야 폐회되었다. 백정 신분 해방과 평등 사회 건설이라는 목표 천명, 활동 방침과 내용 채택, 임원진 선출 등 형평운동의 기본 골격과 방향을 수립한 뜻깊은 집회였다. 조선 사회의 신분제 잔재를 없애고 인간 존중과 평등 대우를 실현하는 근대 사회로 나아가는 역사적 활동이 시작된 것이다.

형평사가 내건 목적

형평사의 창립 목적은 백정 차별 철폐와 평등 대우였다. 요즘의 선언문이나 취지문에 해당하는 '형평사 주지'는 조선 시대 신분제의 잔재인 백정 차별 관습을 없애고 모든 사람이 평등하게 대우받는 사회를 만들고자 한다는 창립 취지를 뚜렷하게 밝혔다.

晋州에衡平社發起

階級打破와絶叫하는白丁社會

우리도이세상사람의일분자이니

압박멸시계급을타파하자는운동

二十四日에發會

祝賀會를開催

衡平社主旨

『조선일보』(1923년 4월 30일). 형평사의 창립 과정과 발기총회를 보도하며 형평사 주지를 실었다.

> "공평은 사회의 근본이요 애정은 인류의 본량이다. 그러므로 우리는 계급을 타파하며 모욕적 칭호를 폐지하며 교육을 장려하여 우리도 참사람이 되기 바라는 것이 본사의 주지이다."

형평사는 공평[평등]이 사회의 기본 바탕이고, 애정[사랑]이 사람의 기본 양식이라고 주창하였다. 그리고 계급[신분] 타파, 모욕적 칭호[백정] 폐지, 교육 장려를 통하여 '참사람'이 되기 바란다고 천명하였다.

형평사원들은 오랫동안 압박 아래 멸시당하고 천대받아온 역사를 되돌아보면, 하루종일 피눈물을 멈출 수 없다고 절규하였다. 그들은 조선 5백 년 동안 지속된 신분제의 비인간성을 고발하고 자신들을 압박하고 멸시한 위선의 역사에 통탄하며 자유와 평등을 이루어 '참사람'으로 살아가기 바란다고 밝혔다. 형평사가 백정 신분 해방을 위한 단체라고 당당히 밝힌 것이다. 그리고 40만 사원이 단결하여 서로 도우며 생활 안정을 도모하고자 형평사를 창립한다고 다음과 같이 천명하였다.

> 본사는 시대의 요구보다도 사회의 실정에 응하여 창립되었을 뿐 아니라 우리도 조선 민족 이천만의 한 사람으로서 애정으로 서로 부조하여 생활의 안정을 꾀하며 공동의 존립 방법을 꾀하고자 이에 사십 여 만이 단결하여 본사를 세우고 그 주지를 밝히며 널리 알리고자 하노라." (부분적으로 오늘날 말투로 바꿈.)

전국의 백정 후손들은 형평사 창립을 열렬히 환영하였다. 많은 지역에서 형평사를 본뜬 단체를 결성하며 신분 해방을 외쳤다. 전북 익산군 이리의 동인회(훗날 형평사 이리분사로 바뀜)는 "우리도 떨쳐 일어나 골수에 맺힌 설움을 씻어내고 조상들의 외로운 혼에 서린 원통하고 억울한 죄를 풀어주고, 우리 자녀들은 오는 세상의 주인공이 되도록 하자."고 하였다.

전북 김제의 서광회(훗날 형평사 김제분사로 바뀜)는 "백정이란 명칭 아래 인권의 유린, 경제의 착취, 지식의 낙오, 도덕의 결함을 당해 왔다고 진단하고, 권리를 회복하고 자유를 해방하며 속박받는 제도에서 탈출하며 전통적 습관을 타파하여 새로운 역사를 만들며 참되고 선하고 아름다운 생활을 만들자"고 하였다.

이와 같이 형평사 창립 시기의 문건들은 차별 철폐, 공평, 평등, 자유, 권리 회복, 인권 등을 주창하며 모두가 함께 평등하게 대우받는 사회로 나아가자고 밝히고 있다. 곧, 형평운동은 오랜 세월 차별과 억압을 받은 과거 관습을 타파하며 평등과 존엄을 누리는 미래 사회의 비전을 제시하는 '인권운동'이었고, 아울러 인간의 평등과 공평한 대우를 실현하기 위해서 모든 사원이 단결하여 공동 번영을 이루기 위한 '공동체운동'을 겨냥하였다.

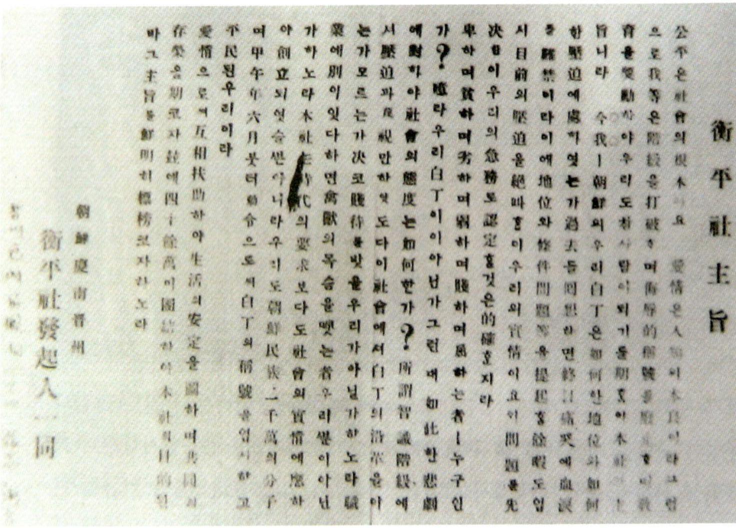

衡平社主旨

公平은社會의根本이요愛情은人類의本良이라그런
으로我等은階級을打破하며侮辱的稱號를廢止하며敎
育을奬勵하야우리도참사람이되기를期함이本社의主
旨니라 今我ㅣ朝鮮의우리白丁은如何한地位와如何
한壓迫에處하엿는가過去를回想하면終日痛哭에血淚
를難禁이라이에地位와條件問題等을提起할餘暇도업
시目前의壓迫을絶叫함이우리의實情이요이問題를先
決함이우리의急務로認定할것은的確할지라
卑하며貧하며劣하며弱하며賤하며屈하는者ㅣ누구인
가?噫라우리白丁이아닌가그런데如此한悲劇
에對하야社會의態度는如何한가?所謂知識階級에
서壓迫과蔑視만하엿도다이社會에서白丁의沿革을아
는가모르는가決코賤待를밧을우리가아닐가하노라職
業에別이잇다하면禽獸의목숨을뺏는者우리뿐이아닌
가하노라本社는時代의要求보다도社會의實情에應하
야創立되엿슬뿐아니라우리도朝鮮民族二千萬의分子
며甲午年六月붓터勅令으로써白丁의稱號를업시하고
平民된우리이라
愛情으로써互相扶助하야生活의安定을圖하며共同의
存榮을期코자玆에四十餘萬이團結하야本社의目的인
바그主旨를鮮明히標榜코자하노라

朝鮮慶南晉州
衡平社發起人一同

형평사 발기총회에서 채택된 '형평사 주지'

조선의 신분 질서와 백정

형평운동 배경에는 조선 사회의 불평등한 신분제에서 겪은 백정의 아픔이 있었다. 신분제는 태어나면서부터 부모 신분에 따라 사람 자격을 매겨 사회적 지위와 관계, 직업 등을 결정하였다. 신분은 특별한 경우를 제외하고 바뀌지 않으며 평생 사람의 운명을 결정하는 절대 조건이었다.

유교가 지배하는 조선 사회는 세습적인 신분제를 통하여 유지되었다. 지배층인 유학자들이 주장하는 어질고 의로운 이상 국가도 신분 질서 안에서 허용될 뿐이었다. 신분제에 대한 위협이나 개혁은 허용되지 않았다. 신분 차별 없는 평등 사회는 절대 이룰 수 없는 꿈이었다.

조선 시대 신분제의 특징은 엄격한 위계질서였다. 최상층에 사대부가 있다. 문과 출신의 문반과 무과 출신의 무반, 곧 양반이었다. 그 아래에 전문적 기술관인 중인이 있고, 그 아래에 상민이 있다. 농사짓는 농민, 물건 파는 상인이 여기에 속한다. 상민 아래에 제일 낮은 신분인 천민이 있다. 비천한 사람이라는 뜻인 천민은 양반, 중인, 상민을 통틀어 일컫는 양민과 대비되는 호칭이었다. 기생, 승려, 노비, 무당, 역졸, 광대, 백정 등이 천민에 속하였다. 그들은 온갖 차별과 억압을 받으며 사람대접을 받지 못한 채 대대로 특정 직업에 종사하며 살았다.

백정은 천민 가운데에서 가장 천대받는 집단이었다. 같은 천민인 기생이나 노비조차 백정을 업신여기며 차별하였다. 그런데 역사적 유례를 보면, 백정은 천한 의미의 호칭이 아니었다.

고려 시대에 백정은 양민으로 세금 납부나 병역 의무를 지지 않고 국가 토지를 경작하다가 외침 등 유사시에 나라에서 동원하는 예비군 같은 성격의 농민이었다. 그리하여 백정은 보통 농사짓는 사람을 일컫는 호칭으로 이용되었다. 반면, 양수척, 재인, 화척으로 불리운 천민 집단이 있었다. 그들은 짐승을 잡고 고리 제품을 만드는 등 특정한 일을 하며 떠돌아다니며 살았다. 이러한 직업과 생활 습관 탓으로 일반 백성은 그들을 천대하며 함께 어울려 살지 않았다.

조선 시대 초 세종대왕은 고려 시대의 천민 집단을 정착시켜서 다른 백성들과 어울려 살도록 하는 동화 정책을 폈다. 그러면서 그들에게 고려 시대의 백정 호칭을 부여하였다. 곧, 조선 시대 초에 백정은 특정한 일을 하였지만, 천민이 아니라 양민이었다.

그런데 일반 백성들은 그들을 새로 백정이 되었다면서 차별하여 새 백정, 신백정이라고 불렀다. 심지어 예전 명칭과 결합하여 재인 백정, 화척 백정이라고 부르며 차별 관습을 버리지 않았다. 결국 세종대왕의 동화 정책이 실패하며 백정은 천민 집단을 일컫는 호칭으로 굳어졌다.

조선 시대에 백정은 주류 사회에서 배제된 채 다른 사람들과 어울려 살지 못하였다. 그들은 짐승 잡고 고기 다루며 가죽 제품을 만드는 특정한 일에 종사하였다. 물가에 널리 자생하는 버들고리로 키나 바구니 같은 생활용품을 만들어 팔기도 하였다. 그들은 하는 일에 따라 제각기 다른 호칭으로 불렸다. 보기를 들어, 짐승을 잡고 고기를 다루는 백정은 재설꾼, 도한, 칼잡이라고 하였고, 가죽 제품을 만드는 이는 갓바치, 피장이라고 하였다. 특히, 가죽신을 만드는 이는 혜장이라고 하였다. 또 버들고리로 물건을 만드는 이들은 유기장, 고리백정이라고 하였다. 그리고 생계 유지를 위하여 두세 가지 일을 하는 이들이 많았는데, 그들은 두벌 백정이라고 불리웠다.

백정은 마을이나 나라의 궂은일을 도맡아 했다. 예컨대, 상갓집에서 상여 메는 일이나 관청의 죄수를 처형하는 일이 백정의 몫이었다. 백정은 그런 궂은일을 숙명으로 받아들였다. 오히려 왕이나 왕비가 죽었을 때 상여 메는 여사군으로 뽑히는 것을 영광으로 여겼다.

마을 사람들은 결혼, 장례 등 특별한 때에 백정에게 소, 돼지, 때로는 개를 잡아줄 것을 요구하였다. 백정은 일한 대가로 통상 죽은 짐승의 가죽이나 뼈, 피를 가져 갔고, 이따금 추수철에 곡식을 받기도 하였다. 농업을 기본으로 하는 조선 사회에서 농사일에 쓰이는 소를 잡아먹는 것이 금지되었기 때문에 백정의 일거리가 많지 않았다. 백정은 대개 궁핍하게 살았지만, 재산을 모아 알부자라고 소문난 경우도 아주 드물게 있었다.

대대로 특정한 일에 종사하며 생계를 유지하는 백정은 직업뿐만 아니라 생활 습관에서도 다른 사람들과 구별되었다. 정착하여 토지를 경작하는 농민과 달리, 백정은 집단으로 일거리를 찾아 떠돌아다니는 경우가 많았다. 그러한 생활 습관 탓으로 일반 사람들은 백정을 특이한 집단이라며 편견을 갖고 차별하였다. 이것이 신분제와 접목되어 백정에 대한 사회적 배제가 강화되며 차별과 억압이 심해졌다.

그 결과 백정은 조선 시대 내내 최하층 신분 집단으로 차별과 억압을 견디며 살았다. 원래 말뜻과 달리, 백정은 경멸, 억압, 천대, 차별을 받는 신분 집단의 대명사가 되었다. '백정'은 그들에게 견딜 수 없는 모욕적인 호칭이었다. 그것은 그들에게 5백 년 동안 겪어온 아픔과 한을 상기시키는 상징이었다. 그렇기 때문에 형평사 창립 이후 가장 먼저 요구한 것이 '모욕적 호칭 폐지'였다. 그들은 더 이상 백정 호칭을 듣고 싶지 않았던 것이다.

요컨대, 조선 시대에 백정은 최하층 천민 집단으로 인식되었다. 그들의 사회적 지위와 차별 상황은 일본 도쿠가와 시대의 부락민(에타, 히닝), 인도의 달리트(불가촉민)와 비슷하였다. 이 세 집단은 모두 엄격한 신분 위계 사회에서 다른 구성원들로부터 차별과 억압을 받았다는 공통점이 있다. 그런데 오늘날에 백정은 존재를 확인할 수 없는 상황인데, 일본의 부락민이나 인도의 달리트는 여전히 갖가지 차별을 겪으며 차별 사건이 빈번하게 사회 문제로 대두되고 있다는 점이 다르다.

백정이 겪는 차별

유교를 떠받드는 조선 사회는 사람 사이의 위계질서와 그에 기초한 생활 규범을 요구하였다. 대표적인 보기가 삼강오륜이다. 왕과 신하, 남편과 아내, 아버지와 자식, 어른과 어린이, 친구 사이에 지켜야 할 도리를 강조하면서 사람 관계를 위아래로 규정하고, 아래 사람은 위 사람에게 공손한 예의와 도리를 갖출 것을 요구하였다. 이러한 유교 사회에서 양민과 백정은 마치 주인과 하인(종) 같은 수직적인 관계였

진주 옥봉의 가죽 건조장 앞에 선 백정 가족. (1912년 일본 고고학자 도리이 류조 촬영)
옷차림과 널려 있는 가죽 규모로 보아 부유한 백정으로 짐작된다.

다. 최하층 천민인 백정은 양민을 최대한 예의를 갖추고 상전처럼 떠받들어야 했고, 양민이 백정을 업신여기며 차별하고, 심지어 억압하는 사회 관습과 제도가 통용되었다.

백정은 태어나면서부터 죽을 때까지 전 생애에 걸쳐, 심지어 죽은 뒤에도 차별을 받았다. 태어난 아이에게 이름을 지어주는데 백정은 인(仁), 의(義), 효(孝), 충(忠)과 같은 고상한 글자는 쓸 수 없었다. 대개 석(石), 돌(乭), 피(皮) 같이 좋지 않은 뜻의 글자로 이름을 지었다.

백정은 비백정들과 결혼이 허용되지 않아 자기들끼리 결혼하였다. 결혼할 때에도 백정 신랑은 안장 놓인 말을 탈 수 없었고, 신부는 가마를 탈 수 없었다. 장례에서도 시신을 운구하는 데 상여를 쓸 수 없었고, 일반 사람들 묘지 가까이에 묻힐 수 없었다. 백정 유족은 부모 장례에도 비백정처럼 베옷을 입거나 삿갓을 쓸 수 없었다.

차별 관습은 일상생활에서 더욱 심하게 자행되었다. 백정은 양민과 함께 술을 마시거나 담배를 피울 수 없었고, 같이 갈 때에 몇 걸음 뒤에서 공손하게 따라가야 했다. 나이에 관계없이 백정은 비백정에게 존댓말을 써야 했고, 나이 어린 양민의 반말 대꾸를 공손하게 감수해야 했다. 백정은 마음대로 양민 집에 드나들 수 없었고, 볼일이 있을 때에는 뜰 아래에서 머리를 조아리며 아뢰어야 했다.

가옥이나 옷차림에서도 차별이 있었다. 백정은 돈이 있어도 지붕에 기와를 얹거나 집을 화려하게 치장하면 안 되고, 비단옷을 입거나 가죽신을 신을 수 없었다. 백정은 가죽신을 만드는 일을 했지만, 그것은 양반을 위한 것이었다. 정작 자신은 짚신이나 헝겊신을 신었다. 남자가 어른이 되면 상투를 틀었는데, 백정은 상투를 틀지 못하고 풀어헤친 머리를 가죽끈으로 동여매고 살았다. 또 양민처럼 두루마기를 입거나 갓을 쓸 수 없었다. 백정이 갓 대신에 쓰는 패랭이[평양자]는 부모상을 당한 양민이 쓰는 것이었다. 부모를 돌아가게 한 죄인으로 하늘을 가리기 위해 패랭이를 쓴다는 속설에서 보듯이, 패랭이 착용 강요는 백정을 죄지은 존재라고 인식시키기 위한 것 같았다. 또 결혼한 여성은 머리를 올리고 비녀를 꽂는데, 여자 백정은 비녀를 사용할 수 없어 긴 머리로 둘레머리를 해야 했다.

이러한 옷차림 차별은 백정에게 한없이 서러웠던 아픔이었다. 갑오개혁으로 신분제가 사라지자, 백정들은 살아생전에 써보지 못한 조상의 한을 달래려는 듯이 두루마기, 탕건, 갓끈, 가죽신 등을 제사상에 놓았다는 이야기가 전해진다.

백정 차별은 법에도 규정되었다. 조선 왕조 법전인 『경국대전』은 백정을 성밖에 모여 살도록 해야 한다고 규정하였다. 곧, 백정은 비백정 마을에서 살 수 없었다. 그리고 백정은 일반 백성과 같은 호적이 없었다. 나라의 구성원으로 간주하지 않은 것이다. 신분제가 사라진 갑오개혁 이후에도 백정 호적을 따로 작성할 정도였다.

그러면서도 백정은 나라와 관리들로부터 온갖 착취를 당하였다. 예컨대, 백정은 임금의 사냥 몰이꾼으로 동원되어 생계에 커다란 지장을 받았고, 외적이 쳐들어오면 징집되어 전쟁터로 끌려 갔다. 그런 탓으로 아이러니하게 백정은 용맹스럽고 잘 싸운다는 평판이 생기기도 했다.

정부 관리들은 백정에게 부당하게 일을 시키며 노동력을 착취하는 것이 다반사였고, 값을 치루지 않고 가죽 제품, 고기 등을 빼앗아 가는 일이 많아 백정의 원성이 컸다. 백정은 차별을 당하거나 부당한 일을 겪어도 관청이나 관리의 보호를 받지 못하였다. 백정이 부당한 처사나 차별을 받아 관청에 호소해도 관청은 피해자의 호소를 외면한 채 양민 편에 서서 백정 잘못으로 몰아갔다.

억압과 굴레에서 살던 백정의 삶을 표현하는 이영희 춤패(1996년 12월 10일). 형평운동 기념탑 준공식 식전 행사로 진주성 동문 앞에서 공연하였다.

이와 같이 태어나면서부터 죽을 때까지 사람다운 대접을 받지 못하며 부당하게 차별받고 억압을 당하면서도 백정들은 숙명으로 여기며 체념하고 순종하는 것이 몸에 배여 있었다. 차별이나 부당한 처사에 저항하는 것이 쉽지 않았기 때문이다. 만약 백정이 저항하면 양민들은 미풍양속을 어지럽힌다는 이유로 백정을 끌어다가 집단 매질을 하였고, 때로 백정 마을을 습격하여 파괴하는 만행을 저질렀다. 그런 만행을 주도하는 주체는 농청 같은 마을 주민 자치기구였다. 진주에서 형평사가 창립되자 농청 중심으로 형평운동 반대 활동을 벌인 것도 그런 관습의 잔재였다.

백정 차별 관습은 형평사가 창립된 20세기 초에도 일상생활에 남아 있었다. 제도가 바뀌어도 차별 의식이나 관행이 작용하였다. 예컨대, 한말에 근대식 교육제도가 도입되었어도 백정은 학교 입학이 쉽지 않았다. 설령 학교에 가더라도 차별로 학업을 계속 할 수 없었다. 이렇게 갖가지 차별과 억압을 겪으며 살아온 아픔을 형평사원은 다음과 같이 서술하였다.

> "…… 내가 타고난 마을은 '피촌'[血村], 또는 백정촌 …… 이 지역에 거주하는 사람을 가리켜 '칼잡이'니 '백정놈'이라고 한다. 이 지역 외에 거주하는 모든 사람들은 수백 년이라는 긴 시간을 내려오며 대대손손이 잊어버리지도 않고 …… 우리의 이름을 불러주는 것보다는 의례히 백정놈, 백정년, 백정새끼 …… 이것이 내가 타고난 우리 집은 물론이고 우리의 이웃 사람 그 외에도 나와 같은 처지에 있는 무리에 대한 …… 유일한 대명사가 되었다." (이름을 안 밝힌 사원, 『정진』 형평사 기관지 1호(1929), 30쪽.)

백정은 어떻게 생겨났나?

백정이란 신분 집단은 어떻게 생겨났을까? 그들은 왜 갖가지 차별과 억압을 받으며 사람다운 대우를 받지 못하게 되었나?

백정의 기원이나 차별 관습의 배경을 밝혀주는 자료는 별로 없다. 조선 초 세종이 고려 시대의 천민 집단에게 백정 호칭을 부여하였다는 『조선왕조실록』 기록으로 보아 고려 시대의 천민이 백정의 선조였을 것으로 짐작된다. 그러나 그들의 기원이나 차별 관습의 형성 과정은 규명되지 않은 채 근거가 불분명한 단편적인 자료를 통해 몇 가지 설이 전해져왔다. 그 가운데 하나가 형평사가 주장하는 고려 충신 72인 후손설이다.

이성계가 고려를 뒤엎고 조선 왕조를 세우자 고려 충신 72명이 수도 송악(개성) 근처 송악산 두문동으로 들어가 저항하였다. 이른바 두문동 72 현인이다. 그들은 산속에서 숨어서 동물을 잡아먹고 버들가지로 생활 가구를 만들어 살았다. 조선 왕조가 회유하며 하산을 촉구하였지만, 그들은 끝까지 불응하였다. 그러자 조선 왕조는 그들을 산속에서 끌어내기 위해 산불을 놓았다. 그래서 그들은 산채에서 도망 나와 전국으로 흩어지게 되었고 산에서 익힌 대로 가축을 잡고 버들고리로 가구를 만들어 생계를 유지하였다. 그들의 후손이 백정이라고 한다. 그들이 끝까지 조선 왕조에 저항한 탓으로 핍박 당하고 차별 받았다는 것이다.

고려 충신인 두문동 현인 기원설은 백정이 본래 천한 집단이 아니라 귀족이었다는 심리가 깔려 있다. 이와 같이 귀족이 역사의 소용돌이에서 천민으로 전락하였다는 전설은 여러 내용으로 각색되었다. 보기를 들어, 우리나라 건국 신화인 단군의 신하 가운데 짐승 잡는 일을 전담하는 신하가 있었는데, 그 후손이 백정이라는 설이 있다. 또 신라 왕조가 몰락하면서 귀족이 노예로 전락하여 가축을 잡고 고리 제품 만드는 일을 전담하였는데, 그 후손이 백정이라는 설이 있다. 이러한 전설은 백정이 천민으로 천대받지만, 본래 귀족이었다는 공통점이 있다.

또 다른 설로 백정은 북방에서 한반도로 흘러 들어온 이민족이라는 것이다. 그들은 본시 유목민으로 한 지역에 정착해서 살지 않으며, 야생 동물을 잡아먹고 고리 가구를 만들어 생계를 유지하였다. 일부는 마을을 떠돌아다니며 춤추고 노래 불러 돈을 벌기도 하였다. 이렇게 특정한 일에 종사하며 떠돌아다니는 그들의 생활 풍습은 한곳에 정착하여 사는 농민들에게 낯설었다. 그런 탓으로 그들은 다른 사람들과 어울려 살지 못하고 대대로 전래된 직업을 이어가며 자기들끼리 모여 살았다는 것이다.

그런데 백정의 북방 민족 기원설은 몇 가지 의문이 있다. 우선, 백정이 북방 민족이었다면 북쪽 지방에 더 많이 살았을 텐데 백정의 거주 지역 분포를 보면 오히려 남쪽 지방에 더 많이 살았다. 그리고 북쪽에서 온 이민족이라면 언어나 문화적 관습의 흔적이 남아있을 텐데 그런 징후는 찾을 수 없다. 만약 백정이 북방민이라고 하더라도 형평사가 주장하는 40만 백정은 이민족으로서 적지 않은 수치이다. 그렇게 많은 북방민이 이주하였다면 사회적 변란이나 자연 재해 같은 변동이 계기로 작용하였을 텐데 그런 기록은 없다. 고려 시대나 조선 왕조 초기에 소수의 북방민이 이주한 사례는 있지만, 대규모의 이주 사례는 찾을 수 없다.

그렇게 북방 민족이라고 주장하며 백정을 사회적으로 배제하고 차별을 정당화하는 바탕에는 '인종주의'가 깔려 있었다. 조선 초 세종의 동화 정책이 별 효과를 거두지 못하면서 백정은 사회적으로 배제되고 차별받는 최하층 신분 집단이라는 인식이 확산되었다. 그들이 별난 풍습과 직업을 갖고 자기들끼리 모여 살며 비행을 자주 저지른다는 기록이 『조선왕조실록』에 자주 등장하였다. 그들을 반사회적 범죄집단이라고 비난하며 사회적으로 배제해야 한다는 주장이 자주 제기되었다. 심지어 신하들은 그들이 이민족, 북방 종족이므로 풍속이 다르고 별난 직업에 종사하며 떼 지어 떠돌아다니며 범죄를 저지른다면서 거주 지역을 격리하고 사회적으로 배제할 것을 임금에게 탄원하였다.

이와 같이 백정을 특이한 직업과 집단 생활 풍습을 가진 이민족, 다른 종족, 별난 종족 등으로 묘사하며 '별난 집단' '반사회적 집단' '범죄 집단'이라는 사회적 표상이 만들어졌다. 그렇게 이민족에 대한 적대감과 범죄집단이라는 불안감이 확산되면서 그들에 대한 차별, 억압, 사회적 배제를 정당화하였고, 그에 기초한 차별 관습과 제도를 강화하였다.

요컨대, 백정이 차별받고 억압받은 것은 북방의 이민족이었기 때문이라는 주장은 합당한 근거를 찾기 힘들다. 오히려 특성 직업과 풍습을 가진 천민 집단에게 이민족, 다른 인종, 별난 풍습 집단, 범죄집단이라는 사회적 표상을 만들어 씌여서 차별과 억압을 가했다고 추정된다. 곧, 특정 직업에 종사하며 생활 풍습이 다른 백정을 범죄집단으로 간주하고, 더 나아가 다른 종족이라는 편견을 만들어 사회적으로 낙인을 찍고 천대하였던 것이다. 그 과정에 백정은 '별난 인종' '다른 종족'이라는 표현이 등장하면서 북방 민족 기원설이 굳어졌다고 추정된다. 이와 같이 백정은 주류 집단의 인종주의적 편견에 의해 만들어진 차별과 억압의 피해자라고 보는 것이 타당하다.

고기를 먹지 않는 불교 교리가 지배하는 고려 시대의 풍습이나, 고기 먹는 것을 금지하지 않았어도 짐승을 잡거나 고기를 다루는 일을 천하게 여기는 유교 문화의 영향도 백정에 대한 사회적 배제와 낙인을 강화하며 차별하고 억압하는 데 작용하였을 것으로 추정된다. 곧, 그러한 시대 상황에서 사람들은 백정들이 대대로 이어가는 직업을 불결하고 천하게 여기면서 그들을 따돌리고 업신여기며 차별과 억압의 관습을 만들어 냈던 것이다.

그러면 백정의 기원인 고려 시대 천민은 왜 한 지역에 정착하지 않고 떠돌아다니며 살게 되었을까? 그 배경에는 경제적 빈곤이 작용하였을 것으로 추정된다. 토지가 없는 빈민 집단은 강가에서 쉽게 구할 수 있는 버들고리로 가구를 만들어 팔아 생계를 유지하였다. 그들은 집단을 이루어 일거리인 버들고리를 찾아 강가를 따라 떠돌아다니며 생활하였다. 그러한 생활방식 탓으로 그들은 다른 사람들로부터 별난 집단이라고 인식되며 차별을 받았던 것이다.

그리고 가뭄이나 홍수 같은 자연재해나 유행병 같은 재난으로 빈민으로 전락한 사람들이 생계유지를 위해 그 천민 집단에 유입되면서 집단 규모가 커졌을 것이다. 그렇게 형성된 천민 집단은 모여 살면서 자기들끼리 결혼하고 대대로 특정한 일에 종사하며 생계를 유지하였다. 그 결과 그들은 강한 동료 의식을 갖고 공동체를 형성하여 사는 집단이 되었다.

조선 사회에서 백정은 신분제 굴레에서 최하층 신분 집단으로 굳어지면서 더욱 심한 차별과 억압을 겪으며 살게 되었다. 특히, 궂은일에 대한 부정적 편견이 강한 유교 문화와 반사회적 별난 종족이라는 사회적 표상의 굴레를 씌운 '인종주의'적 인식은 그들에 대한 차별과 억압을 정당화하며 강화하였다. 그러면서 백정은 가장 차별받고 억압받는 신분 집단을 가르키는 대명사로 굳어졌다. 형평사가 차별 철폐를 주창하며 가장 먼저 백정 호칭 폐지를 요구한 배경에는 이러한 아픈 역사가 있었다.

2.
형평운동 발상지 진주

새벽잠 끝의 정수리에
퍼붓는 냉수 한 바가지
우리나라 정수리에
퍼붓는 냉수 한 바가지
진주에 와 보면 그렇게
퍼뜩 정신이 들고 나는 것을 안다.
- 허유 <진주>의 일부

왜 진주인가?

백정 신분 해방 운동이 왜 진주에서 일어났을까? 한반도 최남단에

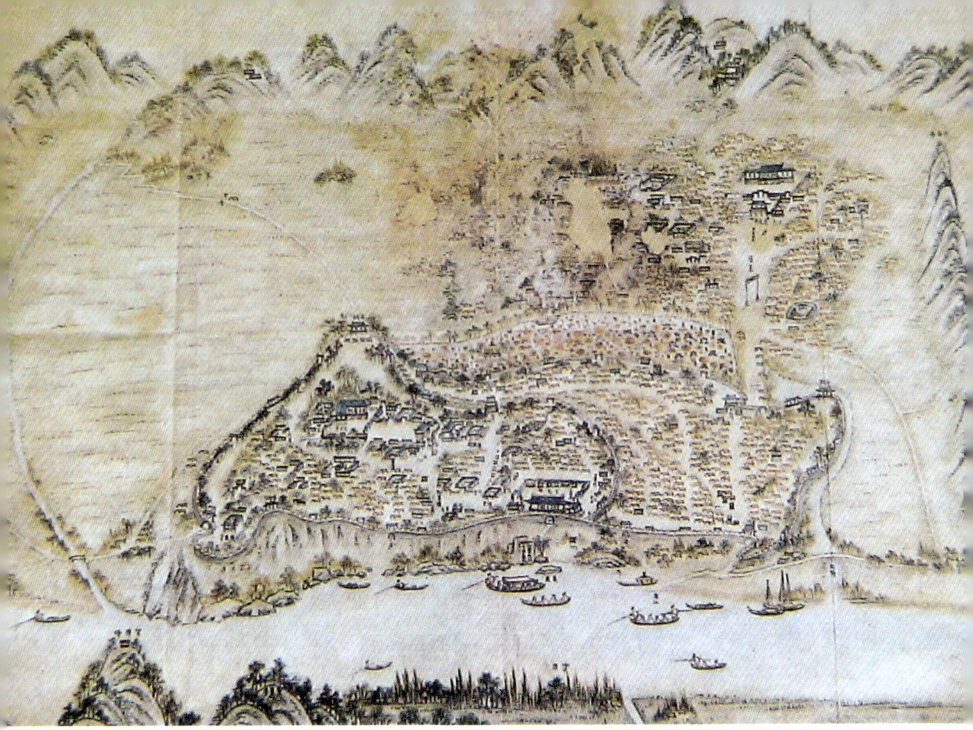

19세기의 진주성 지도.
진주성이 안성과 바깥성으로 나뉘어져있고, 지도 오른쪽에 수정봉 너머 향교와 집단 거주지가 보인다.

위치한 진주는 오랫동안 경남의 중심도시였다. 형평사가 창립된 1923년 즈음 읍내 인구는 1만 5천 명 정도였다. 그다지 크지 않은 고을에서 인간 존엄과 평등을 강조하는 선구적인 형평운동이 일어난 배경은 무엇일까?

조선 시대 유학의 중심지였던 진주는 신분 차별이 심하였을 것이라고 추측하는 이가 있다. 그런데 진주 지역에서 백정 차별이 유별나게 더 심했다는 증거는 찾을 수 없다. 조선 시대에 백정 차별은 전국적인 현상이었다. 만주 대륙으로 이주하기 쉬운 함경도나 평안도 같은 북부 지역보다 신분 위계 질서가 엄격한 남부 지역에서 백정 차별이 더 심했다고 여겨지지만 남부의 특정 지역에서 신분 차별이 더 심했다는 근거는 없다.

또 진주에 백정이 많이 살았거나 부유해서 차별에 적극적으로 대항하며 형평운동을 일으켰을 거라는 짐작도 있다. 그러나 이것 역시 근거를 찾을 수 없다. 실제로 진주보다 백정 인구가 더 많은 도시는 여럿 있다. 예컨대, 20세기 초에 진주보다 경북 김천, 예천, 의성, 상주 등지에 백정이 더 많이 살았다. 또 진주에 부유한 백정이 많았다는 증거도 없다. 백정 일거리가 많은 지역에 부유한 백정이 많았을 거라고 추정되는데, 1910년 경남을 보더라도 동래, 창원, 거창, 의령, 밀양, 울산 등지의 도축 가축 수가 진주보다 많았다. 따라서 진주보다 이런 곳에 부유한 백정이 더 많았을 것이다. 요컨대, 진주에 백정이 많이 살았다거나 부유한 백정이 많았기 때문에 형평운동이 일어났다고 보기 힘들다.

그렇다면 진주에서 형평운동이 일어난 이유는 무엇일까? 일제 경찰 자료는 형평사 창립 과정을 다음과 같이 기록하였다.

"진주 백정 이학찬이 자제를 학교에 입학시키려고 서울로 보내기도

하고 진주 야학에 기부금을 내며 입학시키기도 하였는데, 백정이란 이유로 거절당하거나 입학하여도 차별로 중도에서 스스로 퇴학하게 되어 불만이 많았다. 그런 중에 사립 일신고등보통학교 설립이 추진되면서 학교 부지 정지 작업에 나와 달라는 부탁을 받고 갔는데, 학교 창립위원으로부터 백정은 입학이 불가능하다는 말을 듣고 실망이 컸다. 마침 일본의 관서지방에서 수평운동이 치열하게 전개되자 이학찬은 진주의 일반인 강상호, 신현수, 천석구에게 차별 고충을 호소하며 운동을 의뢰하자 3인이 이에 호응하여 백정 해방 운동을 위한 형평사 창립에 착수하였다."

요컨대, 자제 교육을 위해 백방으로 노력하였으나 백정 차별로 제대로 교육시킬 수 없어 불만이 많은 진주 백정 이학찬이 비백정 사회운동가들에게 호소하여 형평사를 창립하였다는 것이다. 이른바 '이학찬 불만설'이다. 이 내용은 몇 가지 정황을 짜깁기한 것이 주목된다.

우선, 백정은 차별, 특히 교육 차별에 대한 불만을 많이 갖고 있었다. 신분제 잔재로서 백정 차별 관습이 일상적으로 통용되어 백정들의 불만이 컸다. 특히, 근대 교육제도가 도입되고 신교육에 대한 열망이 널리 퍼지면서 백정들도 자녀 교육에 대한 열의를 갖고 있었는데, 입학이나 학교 현장에서 차별이 심해 백정들은 불만이 많았다. 이런 상황에서 교육 차별에 대한 백정의 불만이 형평사 창립의 동기로 작용하였다는 일제 경찰의 기술은 그럼직하게 여겨졌다.

둘째, 진주에서 사립 일신고등보통학교 설립 활동이 활발하게 전개되었다. 3.1운동 이후 일어난 중등학교 일신고보의 설립 운동은 주민들의 지지를 받으며 학교 설립을 가시권에 두고 있었다. 1922년 겨울, 1923년 봄의 농한기에 많은 주민과 단체가 자발적으로 부역하며 학교 터를 닦기도 하였다. 일제 경찰의 기록에 따르면 백정들도 그 일에 참여하였고, 그 과정에 차별 언사가 일어났다. 일본『오사카아사히신문』(1923년 5월 9일)의 형평사 창립 보도도 이와 비슷한 내용을 언급하였다.

셋째, 1922년 3월에 창립한 일본의 수평사가 간사이(관서) 지방에서 활발하게 활동하였다. 수평사의 주체 세력인 피차별 집단 부락민과 형평사의 백정은 비슷한 배경을 가졌다. 일제 경찰은 이 점을 이용하여 수평사 활동의 영향으로 형평사 창립을 추진한 것처럼 썼다.

넷째, 강상호, 신현수, 천석구는 여러 단체에서 활발하게 활동한 비백정 출신의 사회운동가로서 형평사 창립에 적극적으로 참여하였다. 일제 경찰은 백정들이 그들에게 호소하여 형평사 창립을 착수하였다고 기술하였다.

이와 같은 사실을 짜깁기한 이학찬 불만설은 결정적인 의문이 몇 가지 있다. 첫째는 이학찬 자제의 교육 차별에 대한 의구심이다. 이학찬을 아는 진주 사람들은 그에게 천연두를 앓아 얼굴에 흉터가 많은 딸이 하나 있었다고 증언하였다. 그런 딸을 서울까지 유학보내며 교육시키려고 하였을까? 백정 차별이 형평사 창립에 작용하였다는 것은 이해되지만, 자녀 교육 차별에 대한 이학찬 개인의 불만이 직접적인 동기였을까는 의문이다.

둘째는 일신고보 교지 부지 조성 작업에서 일어난 차별 언사가 촉발 요인이었을까 의문이다. 그런 정도의 차별 언사가 일상적으로 일어나던 시절이었다. 그리고 백정 자녀들은 보통학교나 야학조차 다니기 어려운 상황이었는데 고등보통학교에 입학할 수 없다는 말에 백정이 집단적으로 차별 철폐 활동을 시작하였을까 의문이다. 게다가 설립되지도 않은 중등 학교에 입학 운운하는 것도 이해되지 않지만, 그런 차별 언사에 불만을 품고 형평사 창립을 추진하였다는 것은 다소 비약적 논리라고 판단된다.

셋째, 형평사 창립에 미친 수평사의 영향에 대한 의구심이다. 조선 시대의 백정과 일본 도쿠가와 시대의 부락민은 최하층 신분 집단으로 갖가지 차별을 겪었다는 공통점이 있다. 그리고 수평사 활동 소식이 형평사 창립 이전에 『동아일보』, 『조선일보』를 통해 우리나라에 널리 알려졌다. 백정 해방에 관심을 가진 활동가들은 그 보도를 주의 깊게 보았을 것이다. 게다가 두 단체의 이름이 비슷하다. 이런 점에서 수평사 활동이 형평사 창립에 영향을 미쳤다고 추정된다. 그러나 형평사 창립 과정에 수평사의 직접적인 영향이나 지원이 있었다는 증거는 없다. 두 단체가 교류를 모색한 것은 형평사 창립 1년 후 1924년이었다.

넷째, 차별에 불만을 가진 백정의 호소로 비백정 출신 사회운동가들이 형평사 창립에 착수하였는지도 불분명하다. 일제 경찰 자료와 달리, 『조선일보』(1923년 4월 30일)는 강상호 등이 백정 마을을 방문하여 형평사 창립을 설득하였다고 보도하였다. 곧, 비백정 출신의 사회운동가들과 백정 출신의 유력자들이 협력하여 형평사를 창립한 것은 틀림없는 사실이지만, 구체적 과정은 명확하게 밝혀지지 않았다. 특히, 백정들의 호소와 비백정 사회운동가들 활동의 선후 관계가 불분명하다.

이와 같이 일제 경찰 자료에 기초한 '이학찬 불만설'은 의구심이 적지 않지만, 이 내용이 다른 일제 자료에 자주 인용되면서 통설로 받아들여지는 경향이 있다. 곧, 백정 차별에 대한 이학찬 개인의 불만과 수평사의 영향으로 형평사가 창립되었다는 인식이다. 그런데 문제는 이런 인식이 형평운동의 역사적 배경과 과정에 대한 올바른 이해를 방해한다는 것이다. 특히, 형평사 창립지 진주를 비롯한 한국 사회의 역사적 경험과 사회 구조적 여건을 간과하게 된다.

형평운동은 전통적인 신분 질서를 무너뜨리고 평등한 근대 사회로 나아가는 역사적 과정이었다. 진주에서 시작되어 전국으로 확산된 형평운동은 평등 사회에 기초한 새로운 시대를 여는데 기여하였다. 그 시작과 전개에 신분제 폐습을 없애기 위한 역사적 경험과 사회 구조적 여건이 크게 작용하였다. 따라서 형평사 이전, 특히 19세기 말부터 전국 곳곳에서 일어난 백정 해방을 향한 역사적 경험과 근대 사회로 나아가고자 한 사회 개혁 활동을 통해 형성된 사회적 여건이 형평운동 발전에 미친 영향을 이해하는 것이 필요하다. 특히, 3.1운동 이후 확산된 사회운동과 평등 사상이 형평운동의 주요 동력으로 작용하였다는 점을 간과해서는 안 된다. 이러한 역사적 과정과 사회적 여건에 대한 설명 없이 형평사 창립을 올바로 이해하기 힘들 것이다.

요컨대, 이학찬 개인의 불만이나 수평사의 영향으로 형평사가 창립되었다는 인식은 19세기 말부터 20세기 초에 이르는 백정의 경험, 특히 3.1운동 이후 역동적 사회 변화가 미친 영향을 간과하게 된다. 곧, 형평운동에 내재된 근대 사회로의 이행 움직임, 특히 인간 존엄과 평등 대우를 강조하는 인권 운동의 성격과 가치를 파악할 수 없게 될 것이다. 따라서 형평사 창립과 형평운동 발전을 올바로 이해하기 위해서 창립지 진주를 비롯한 사회 전반의 역사적 경험과 사회적 조건을 살펴보아야 할 것이다.

무너지는 신분제

수백 년 동안 조선 사회를 지탱해 온 신분제는 임진왜란(1592-1598)과 병자호란(1636)을 겪으면서 흔들리기 시작하여 조선 후기에 빠르게 무너졌다. 신분 구성의 정확한 비율 변화는 다소 불분명하지만, 지배층인 양반 수가 계속 늘어나고 상민 수는 빠르게 줄어든 추세는 분명하였다. 돈으로 양반 족보를 사는 사례가 늘어났고, 다른 지방으로 이주하여 신분을 속이고 양반 행세를 하는 사례도 많았다.

또 1801년 관청에서 일하는 공노비가 해방되고, 부유한 양반 집안 소유의 사노비 수가 줄어들면서 신분제의 근간이 크게 흔들렸다. 그리고 19세기 후반 농민 봉기가 전국 곳곳에서 일어나면서 조선의 지배 체제가 위협을 받으며 신분제 해체가 더욱 빨라지고 사회 개혁 분위기가 확산되었다. 관청의 부당한 처사에 분노하여 조직적으로 관아를 습격하고 부패 관리들을 응징한 철종 시기 임술년(1862)의 진주농민항쟁은 이러한 사회 개혁 열망을 잘 보여주었다.

30년 뒤 갑오년(1894)에 전라도 동학교도가 주도한 농민전쟁을 통해 조선 사회의 절대 다수인 농민은 지배 체제에 저항하며 새로운 사회를 꿈꾸었다. 삼남지방을 휩쓴 농민전쟁의 영향권은 진주까지 확산되었다. 진주농민항쟁에 이어 갑오농민전쟁을 겪은 진주에 사회 혁신 의식이 충만하였을 것이다.

19세기 말에 조선 사회는 더욱 빠르게 바뀌었다. 서구 문물이 들어오고, 도시가 늘어나고, 상업이 발전하였다. 여전히 신분 차별 관습이 있었지만, 양반 지배 체제는 끊임없이 도전을 받았다. 사회적 경제적 변화는 최하층 신분 집단 백정에게도 영향을 미쳤다. 그들은 대부분 전통적으로 대를 이어온 직업에 종사하였지만, 일부는 도시가 발전하며 생긴 상설 시장에 정육점을 열어 부를 축적하였다. 또 곰탕이나 국밥같이 고기를 활용한 음식을 만들어 파는 사례도 생겨났다. 그리고 피혁 거래나 가죽 제품 생산으로 재력을 축적하는 이들이 생겨났다. 물건을 이거나 지고 다니며 파는 보부상 백정 집단도 있었다. 패랭이를 쓰고 다니는 백정 보부상 우두머리 길영수는 나중에 경북 상주군수까지 지냈다는 소문이 나돌았다.

대개의 백정은 여전히 경제적으로 어렵게 살았지만, 재력있는 백정은 자녀 교육을 시키고 비백정 거주 지역으로 옮겨 사는 경우도 나타났다. 알부자라고 소문난 백정은 돈이 필요하여 몰래 찾아온 사람들에게 돈을 빌려주기도 하였다. 이렇듯이 급변하는 조선 사회에서 백정들도 사회적, 경제적으로 큰 변화를 겪었다.

동학이 내건 백정 해방과 갑오개혁

백정의 신분 변화에 가장 크게 영향을 미친 것은 갑오농민전쟁(1894)이었다. 농민군 지도자들은 "사람은 하늘과 같다"[인내천, 人乃天]는 동학사상을 믿는 사람들이었다. 그들은 일본과 서양의 강대국으로부터 조선을 지키기 위해서, 또 민족의 생존을 외면한 채 외국 세력의 앞잡이 노릇을 하는 지배층에 대항하여 싸웠다.

그리고 그들은 1894년 6월에 전쟁을 중단하는 화해 조건으로 대대적인 사회 개혁안을 정부군에 요구하였다. 이른바 폐정개혁안이었다. 그 가운데에는 노비 문서를 불태워 없애고, 천민 대우를 개선하고, 과

부의 결혼을 허용하고, 백정 머리에서 평양립을 없애라는 내용이 있었다. 백정 신분의 상징인 평양립[패랭이]을 없애라는 요구는 신분을 없애고 똑같이 대우하라는 것이었다. 역사상 최초로 백정 신분 해방을 공식적으로 거론한 것이다.

이와 같이 조선의 유교 질서에 도전하며 사회 개혁을 주장한 농민군의 영향은 중부지방, 경상도 서부까지 퍼졌다. 임술년에 농민항쟁을 일으키며 개혁을 요구한 진주 사람들은 동학 농민군 지도자들의 주장에 더 공감하였을 것이다.

그런데 동학 농민군이 일본군과 정부군의 연합 군대에 패배하고 지도자 전봉준이 붙잡혀 처형당하면서 그들의 개혁 요구가 실현될지 불투명하게 되었다. 그러나 조선 왕조는 사회 개혁의 시대적 요구를 무시할 수 없었다. 이른바 '갑오개혁'을 추진하며 "피공의 면천을 허락한다"는 법을 공포하였다. 피공은 가죽 제품을 만드는 백정이다. 피공의 면천은 백정을 천민에서 벗어나게 해 준다는 것이다. 이렇게 조선 왕조는 백정의 신분 해방을 공포하며 신분제 철폐를 공식화하였다.

법적으로 신분제가 없어졌지만, 신분 차별 관습은 쉽게 바뀌지 않았다. 백정은 여전히 평등하게 대우받지 못하고 갖가지 차별을 겪었다. 심지어 정부 관리조차 예전처럼 백정을 업신여기며 차별하고 수탈하였다. 일부 관리는 호적 등록을 미끼로 금품을 갈취하였고, 가축 도살 세금을 규정보다 더 많이 요구하거나 돈을 내지 않고 고기를 가져갔다. 보기를 들어, 충남 아산군수는 가축 도살 요구에 불응하는 도축장 관계자들을 협박하였고, 경기도 장단군수는 도축장 관계자를 제멋대로 해고하고 새 사람을 앉혀 물의를 일으켰고, 경기도 음죽군수는 도축장 관계자를 감금한 뒤 영업 재개 조건으로 고기를 요구하였다. 이러한 관리들의 부당한 백정 수탈 사례는 모두 1900년 즈음『독립신문』과『황성신문』에 보도된 내용이다.

백정을 둘러싼 경제적 상황도 크게 바뀌었다. 20세기 초 정부는 '도수장 및 수육판매 규칙'을 제정하여 관청에 도축장(도수장) 허가와 재설꾼(도축하는 일꾼) 임명 권한을 부여하였다. 그리고 위생 관리, 세금 징수 등의 이유로 도축, 정육에 대한 통제와 관리를 강화하였다. 이렇게 백정이 대대로 종사해 온 산업에 대한 정부의 통제와 간섭이 늘어나면서 백정의 고유한 권익이 크게 위협받게 되었다.

한편, 백정이 독점하던 도축, 정육, 피혁 가공 같은 산업에서 경제적 이윤이 커지면서 비백정 자본가들이 유입하기 시작하였다. 자본을 앞세운 그들과의 경쟁이 치열해지면서 백정들이 전통 산업에서 누리던 독점권이 위협을 받게 되고, 백정들의 위세가 빠르게 위축되었다.

깨어나는 백정들

백정들은 갑오농민전쟁의 농민군 지도자들이 폐정개혁안을 제시하고 정부가 갑오개혁을 시행하는 것을 보면서 세상이 바뀌어 가는 것을 알았다. 그리고 대대로 겪어 온 차별 관습의 부당함을 깨닫고 저항하기 시작하였다. 20세기로 넘어온 1900년 초 경남 의령 출신 백정 장덕찬은 진주 인근 16개 군 백정들을 주도하여 집난으로 경상남도 관찰사에게 차별 관습 철폐를 탄원하였다. 『황성신문』(1900년 2월 28일)은 그 이유를 다음과 같이 보도하였다.

> "(우리는) 머리에 관을 쓰지 못했으나 갑오경장 이후에 임금님의 은혜를 받아 똑같이 관을 쓸 수 있게 되었다. 그러나 천대가 여전하여 관을 쓸 수 없으니 칙명대로 관을 쓸 수 있게 해달라."

신분 차별을 철폐하려는 백정의 집단행동은 예전에 볼 수 없는 장면이었다. 그들의 요구에 관찰사는 갓 착용을 허용하면서도 갓끈을 소가죽으로 하라고 명령하였다. 백정에게는 굴욕적인 차별 조건이었다. 게다가 백정들의 행동에 불만을 품은 진주 주민들이 백정 마을을 습격하여 10여 채의 집을 부수고 폭력을 휘두르는 난동을 부렸다. 고루한 신분 의식을 가진 마을 사람들의 행패에 백정들은 또다시 치욕을 느끼며 좌절하였다.

그렇지만 신분 해방을 향한 백정의 움직임은 멈추지 않았다. 경남 백정들의 집단 탄원에 이어 백정 해방 활동이 전국 곳곳에서 일어났다. 1901년 2월 경북 예천에서 군수가 강제로 관청 일을 시키자 백정들이 반발하였다. 그러자 군수는 백정들의 반발을 강압적으로 탄압하며 노역을 시켰고, 이에 저항하는 백정 세 명을 수 개월 동안 감옥에 가두었다. 이 사정을 전해들은 이웃 문경군 백정들이 서울 내부[오늘날의 내무부]에 탄원하여 군수의 부당한 행위를 시정하라는 정부 훈령을 받아냈다. 예전에 볼 수 없는 성과였다. 그런데 예천군수는 오히려 훈령을 갖고 온 문경 백정을 매질하며 돈까지 빼앗고 감옥에 가두었다. 이 소식을 들은 서울의 재설꾼 백정들이 다시 내부에 탄원하여 감옥에 갇힌 백정들이 풀려나고 빼앗긴 돈을 돌려 받도록 하였다.

같은 해 5월에는 황해도 해주군 관리들이 신분 해방을 미끼로 백정들에게 돈 5만량을 요구하였고, 이 요구에 불응하는 백정들을 감옥에 가두어 버렸다. 이 소식을 전해들은 백정 동료들이 서울의 농부[오늘날의 농림부]에 제소하여 백정들이 감옥에서 풀려나게 되었다.

이처럼 오랜 세월 억압과 천대를 겪어오던 백정들은 예전과 달리 집단적으로 저항하였다. 그들은 천민 신분에서 벗어났으니 호적에 올려달라고 서울의 내부에 탄원하였고, 부당한 관청 사역이나 요구에 반발하여 이웃 지역이나 중앙의 백정들과 협력하며 조직적으로 항의하였다. 고루한 수구 세력이 백정들의 움직임을 탄압하였지만, 차별의 부당함을 깨달은 백정들은 공평한 대우를 주장하며 쉽게 물러서지 않았다.

동석 예배 거부 사건과 화해

평등 사상은 동학만이 아니라 서학으로 일컬어지던 기독교를 통하여 확산되어 갔다. 1892년 미국 선교사 무이(한국이름 모삼열)는 곤당골(오늘날의 롯데호텔 자리)에 교회(오늘날의 승동교회)를 세우고 고아와 저소득층 아이들을 가르치며 전도 활동을 하였다. 그 가운데 백정 자녀들도 있었다. 그러면서 백정들이 기독교를 처음 접하게 되었다.

어느 날 곤당골 교회 학당에 다니던 백정 자녀 봉줄이가 학교에 오지 않자, 무어 목사가 연유를 물으니 재설꾼인 아버지 박성춘이 발진티푸스에 걸렸다는 것이었다. 무어는 제중원을 세운 애비슨 의료선교사를 데려와서 박성춘을 치료해 주었다. 굿을 하고 민간요법을 썼지만 효과를 보지 못하다가 애비슨의 치료로 나은 박성춘은 자기를 치료해 준 사람이 왕립 병원 제중원의 의사라는 사실을 알고 깜짝 놀랐다.

"하늘 같은 임금님을 돌보는 의사가 어찌하여 나같이 천한 것을 고치러 집에까지 왔을까?"

이 일을 계기로 백정 박성춘이 교회에 나가게 되었다. 그러자 비백정 신자들이 천한 백정과 한자리에서 예배드릴 수 없다고 반발하며 예배에 출석하지 않았다. 어느 신도가 찾아와 백정들과 따로 예배볼 것을 제안하였지만, 무어 목사는 백정도 똑같은 하나님의 자식이라며 단호하게 거절하였다.

백정 신도가 늘어나면서 곤당골교회는 백정교회라는 별명을 얻었다. 1895년에 세례받은 박성춘은 여러 백정 마을을 찾아다니며 기독교를 전도하였다. 1898년 서울 종로거리에서 열린 만민공동회에서 박성춘이 "나는 비록 천민 출신이지만 다함께 나라를 사랑하여야 한다."고 연설하여 많은 이가 감동을 받았다. 박성춘의 아들 봉줄이(박서양)는 세브란스의학교 제1회 졸업생으로 우리나라 최초의 양의가 되었다. 훗날 그는 만주로 가서 독립운동을 돕는 의료 활동을 하였다.

서울 곤당골 교회에서 동석 예배 거부 사건이 일어난 지 10여 년 뒤 진주에서 똑같은 소동이 일어났다. 1905년 진주에 정착한 호주 장로회의 커를(한국 이름 거열휴) 의료선교사가 진료소를 개설하고 학교를 세우며 선교 활동을 벌여 진주 지역에 기독교가 퍼져나갔다. 커를의 진료소는 진주 지역 최초의 서구식 의료기관인 배돈병원으로 발전하였고, 1906년 4월에 세운 안동학교와 8월에 세운 사립 정숙여학교는 광림학교와 시원여학교로 발전하며 주민 교육에 크게 이바지하였다.

커를 선교사가 세운 진주읍교회(오늘날의 봉래동 진주교회)는 호주선교회의 선교 거점으로 기독교 전파의 중심지가 되었다. 그러면서 기독교를 믿는 백정이 생겨났다. 그런데 그들은 신분 차별 관습에 따라 다른 신도들이 다니는 교회에 참석하지 못하고, 별도의 예배소에서 예배를 드렸다.

1908년 10월 커를 선교사가 안식년을 맞아 고국에 다니러 가고, 후

임으로 라이얼(한국 이름 나대벽 또는 나대궐) 목사가 1909년 4월에 부임하였다. 라이얼은 백정 신도들이 가까운 교회를 두고 따로 예배드리는 것을 이해할 수 없었다. 그가 백정 신도들도 예배당에서 함께 예배보도록 하자 일부 신도들이 조선의 신분 관습을 이유로 반대하였다. 그렇지만 라이얼은 하나님 앞에 귀하고 천한 이가 없이 모두 똑같다면서 동석 예배를 강행하였다.

1909년 5월 둘째 주일날 15명의 남녀 백정 신도들이 예배드리기 위해 교회당에 들어왔다. 그러자 200여 명의 신도가 동석 예배를 거부하며 예배당에서 나갔다. 조선의 유교 전통에서 벗어나 서양 문물을 받아들이며 개화되었다고 알려진 기독교인들조차 뿌리 깊은 신분 차별 관습에 젖어있었던 것이다.

라이얼의 뜻에 따르는 30여 명만 예배당에 남았지만, 라이얼 선교사는 단호하였다. 동석 예배를 둘러싼 갈등은 진주읍교회 설립 이래 최대의 시련이었다. 한국어가 능통한 선교사들이 나서서 양측을 설득하며 화해시키려고 노력하였다. 백정 신도들은 자기들 때문에 분란이 일어났다며 원래 예배소로 돌아가겠다고 양보 의사를 밝혔다. 그러자 동석 예배에 반대하던 신도들도 선교사들의 설득을 받아들여 백정 신도들과 함께 예배보겠다고 하였다. 이렇게 양측이 서로 화해하며 함께 예배보는 것으로 마침내 갈등이 해결되었다.

이 사건은 백정 차별 관습의 공고함을 보여주었지만, 동시에 백정과

1930년대 진주교회 주변 모습

2000년의 진주교회 주변 모습

비백정 신도들이 화해하는 기회가 되었다. 백정들은 처음에 동석 예배 거부로 좌절하였지만, 비백정 신도들과 화해하고 함께 예배보면서 희망을 갖게 되었다. 이 사건은 당사자들뿐만 아니라 지역 주민 전체가 사람은 모두 똑같다는 평등 사상을 인식하는 계기가 되었다. 이것은 훗날 형평사 창립과 형평운동의 발전을 이끄는 귀중한 자산이 되었을 것이다.

실패하는 백정 운동

20세기 초 백정을 둘러싼 사회적, 경제적 상황은 빠르게 바뀌었다. 1900년 집단적인 차별 철폐 탄원과 주민 폭력 사태, 1900년대 초 관리들의 부당한 요구와 백정들의 집단적인 거부 행동, 1909년 동석 예배 거부와 화해에서 보듯이 신분 차별 관습은 여전히 뿌리 깊었지만, 차별이 부당하다고 인식하며 모든 사람이 평등하다는 가치가 점점 확산되어 갔다. 반면, 한말의 법령 제정으로 강화된 정부 통제와 간섭으로 백정의 경제적 상황은 점점 나빠졌다. 그러한 경제 상황은 1910년 일제 식민지로 전락하면서 더욱 악화되었다.

일제는 도살과 고기 판매 법규를 개정하여 도수장[도축장] 설립과 고기 판매 요건을 엄격하게 규정하며 통제와 간섭을 강화하였다. 일제의 식민 통치 정책을 따라 도축장 관리와 가축을 말리는 건피장의 운영권이 관청이나 일본인 거류민 단체인 학교조합으로 넘어가면서 백정은 전래되어온 독점권을 잃게 되었다. 또 일제 침략과 함께 조선에 들어온 일본인 거류민들이 자본을 앞세워 고기 판매망을 장악하고 고기 판매 분량을 마음대로 할당하고 가격을 제멋대로 정하면서 백정의 경제 상황은 더욱 나빠졌다. 대대로 이어오던 특정 산업에서의 기득권을 잃은 백정들은 생계 위협을 받을 지경으로 경제적 곤란을 겪었다. 일부는 도축장 일꾼으로 전락하였지만, 대개는 일터를 잃고 날품팔이로 생계를 유지해야 했다.

위기감이 고조되면서 백정 이익을 위한 단체 설립이 모색되었다. 조선 시대의 승동도가와 같은 전국 조직이 필요하다는 인식이 생겼다. 서울의 승동(오늘날의 인사동, 일명 개장수골)에 본부를 둔 승동도가는 전국에서 선발된 간부들이 운영하였다. 대표자인 영위 아래 총지배, 분쟁 해결과 판결, 영업, 사서 등 업무를 분담하는 간부가 있었다. 승동도가의 하부 조직으로 평양에 어가청, 다른 지역에 도중이 있었다. 그 조직의 대표자도 영위라고 하였다. 갑오개혁 시기에 이 조직이 해체되면서 백정 권익을 지켜줄 기관을 잃게 되었다. 백정의 경제적 곤란이 심해지자 이런 조직의 필요성이 제기되어 도수조합[도축조합] 설립이 시도되었다.

1910년 서울의 도수조합 본부로부터 경남 지부 영업을 위임받은 최용규가 의령에 사는 장지필과 협력하여 경남 도수조합 결성을 추진하였다. 장지필은 1900년에 관찰사 집단 탄원을 주도한 장덕찬의 아들이었다. 그는 수육판매업자들과 협조하여 도청 소재지 진주 중심으로 조합 결성을 추진하였다.

그 즈음 진주 옥봉에 일제 식민 세력의 비호를 받는 일본인과 한국인 자본가들이 출자한 도수장이 세워졌기 때문에 백정들은 도수조합의 결성을 반겼다. 그런데 자금 모집 계획이 제대로 시행되지 않아 도수조합 결성은 수포로 돌아갔다. 그렇지만 백정들을 결집하여 조합 결성을 추진한 이 경험은 훗날 형평운동 발전에 커다란 자산이 되었을 것이다. 특히, 도수조합 결성을 주도한 장지필은 형평사 창립과 형평운동의 확산을 이끄는 핵심 지도자로 활약하였다.

도수조합 결성에 실패한 장지필은 그해 가을 일본으로 유학가서 메이지대학에서 법학을 공부하였다. 그러나 가정 형편으로 학업을 마치지 못하고 3년 만에 귀국하였다. 그 뒤 그는 피혁상에 종사하며 백정의 전통 산업에 침투한 일제 자본과의 경쟁을 겪었다. 그러한 경험을 통해 그는 백정 조직의 필요성을 더욱 절실하게 느끼며 백정 권익 활동을 모색하게 되었다. 비록 성공하지 못하였지만, 도수조합 결성, 일본 유학, 귀국 뒤의 백정 산업 종사 경험은 장지필에게 형평사 창립과 형평운동을 이끄는 유용한 자양분이 되었을 것이다.

20세기 초 사회 변화에 따라 신분 차별 관습이 느슨해지며 백정의 사회적 환경도 서서히 바뀌었다. 많은 수는 아니지만 비백정 거주 지역으로 이주하여 사는 이도 생겼다. 또 자식 교육을 위해 개인 교사를 두거나 서당에 보내고, 다른 지역으로 유학 보내는 사례도 나타났다. 예컨대, 어린 시절에 서당을 다닌 장지필은 서울로 유학가서 보성학교 야간부를 다녔다.

그러나 대부분의 백정은 여전히 전통적인 직업에 종사하며 일정 구역에서 집단 거주하였고, 자기들끼리 결혼하며 살았다. 이와 같이 지연, 혈연, 직업으로 맺어진 강한 결속력은 훗날 형평운동 발전의 주요 원동력이 되었다.

사회의식을 일깨운 3.1운동

사람의 존엄성을 인식하며 인권과 평등을 주창하는 백정 해방 운동 단체 형평사가 1923년 4월에 진주에서 창립되었다. 이 단체는 전국 조직으로 발전하며 형평운동을 성공적으로 이끌었다. 이러한 과정의 배경과 동력에는 1919년에 일어난 3.1운동의 경험과 유산이 있었다.

1910년에 일제의 식민지로 전락한 조선 사회에서 백정은 앞서 살펴본 것처럼 사회적, 경제적으로 커다란 변화를 겪었다. 1894년 갑오개혁으로 신분제가 법적으로 사라졌어도 일상생활에서 백정 차별이 여전히 자행된 탓으로 갈등이 끊임없이 일어났고, 백정의 경제적 상황도 점점 나빠졌다. 이러한 상황에서 3.1운동과 그 이후에 일어난 범사회적 개혁 활동은 백정 해방 운동의 동력으로 작용하였다.

1919년 3월 1일 서울, 평양을 비롯한 7개 도시에서 일어난 독립 만세 시위가 전국으로 확산되었지만, 궁극적인 목적인 민족 해방을 이루지 못하였다. 그렇지만 3.1 운동은 근대 사회로 나아가는 역사적 분수령이었다. 서울을 비롯한 각 지역에서 주민들이 주체적으로 참여하며 새로운 사회를 만들고자 하는 개혁 활동이 활발하게 일어났다. 3.1 운동의 경험은 다양한 사회운동을 이끄는 자양분으로 작용하였다. 특히, 진주의 3.1운동과 그 이후의 사회 단체 활동은 형평사 창립과 형평 운동을 이끄는 동력과 자양분이 되었다.

진주의 만세 시위는 다른 지역보다 다소 늦은 3월 18일 장날에 처음 일어났다. 각계각층의 주민이 열렬히 참여하는 만세 시위가 여러 날 이어지며 민족 해방과 사회 개혁 의식을 일깨웠다. 그 경험이 사회 개혁을 위한 다양한 활동으로 이어지면서 사회운동 단체가 폭발적으로 생겨났다. 신문 보도에 따르면, 3.1운동 이후 1925년까지 진주 지역에서 활동한 단체가 60여 개에 이르렀다.

이러한 단체를 통하여 새로운 사회를 갈망하는 주민, 특히 젊은이들이 사회 개혁 활동을 주도하였다. 3.1운동 직후 결성된 진주청년회는 사회 활동에 참여하는 젊은이들의 구심점이었다. 열성적으로 지역 사회와 민족 문제에 참여하는 진주청년회 회원들은 관심에 따라 활동 영역을 넓혀가면서 새로운 사회 단체의 결성을 주도하였다. 진주청년회는 마치 사회운동 단체를 창립하고 활동을 활성화하는 보육기와 같았다. 주민들도 전통 사회의 폐습을 혁파하고 근대 사회로 나아가고자 하는 시대 정신에 따라 활발하게 사회 개혁 활동에 참여하였다. 그 결과, 3.1운동 이후 1920년대에 진주는 새로운 사회를 만들고자 하는 다양한 목적의 사회운동이 활발하게 활동하는 '사회운동의 시대'를 맞이하였다.

그 시대에 활발하게 일어난 사회운동의 주요 특징은 전통 사회의 폐단을 혁파하고 근대 사회로 나아가고자 하는 움직임이었다. 대표적인 사례 가운데 하나가 어린 아이들을 위한 소년운동이었다. 전통 사회에서 온전하게 사람대접을 받지 못하는 아이들을 위한 진주소년회가 우리나라 최초로 1921년에 결성되었다. 방정환이 이끄는 소년운동 단체 천도교소년회보다 2년 먼저였다. 진주소년회의 핵심 활동가들이 독립운동에 연루되어 감옥에 갇히는 바람에 오랫동안 지속되지 않았지만, 어린이 권익 증진을 위한 정신은 이후 진주의 여러 단체 활동에 계승되었다.

진주에서 일어난 또 하나의 두드러진 활동은 소작인운동이었다. 1922년 2월에 결성된 진주노동공제회는 지주의 횡포에 억눌려 사는 소작인과 영세 농민의 권익 증진을 위한 활동을 벌였다. 3.1운동을 주도한 강달영, 김재홍 등이 감옥에서 나온 뒤 만든 이 단체는 부당하고 불공정한 소작 관행을 바꾸고자 하였다. 이 단체가 1922년 9월에 개최한 우리나라 최초의 소작 노동자 집회에 전국에서 1,000여 명의 소작인과 농민운동가들이 모였다. 그들은 부당한 소작 관행의 개선과 사회 개혁을 주장하며 공정하고 정의로운 근대 사회를 만들고자 하였다. 진주 지역의 진보적인 사회 개혁 의지와 사회운동 지도 역량을 보여준 이 단체 활동가들은 형평사 창립과 형평운동 발전에 적극적으로 협력하였다.

3.1운동 이후 진주에서 활발하게 일어난 교육운동도 주민들이 자발적이며 주체적으로 사회 개혁 활동에 참여한 본보기였다. 근대 교육이 도입되었지만 정규 학교의 학생 수용 능력이 턱없이 부족한 상황을 타개하기 위하여 대부분의 고을에서 주민들이 자발적으로 야학이나 강습소를 설립하여 운영하였다. 비록 정부 인가를 받지 않았지만, 야학이나 강습소는 일상생활에 필요한 기초 지식을 가르치며 민족 의식과 사회 의식을 일깨우는 주민 교육 기관이었다. 이것은 나중에 각 지역의 초등학교 설립에 디딤돌로 활용되며 공교육 확대로 이어졌다.

진주 주민들은 중등 교육 기관 설립에도 앞장섰다. 대표적인 사례가 일신고등보통학교 설립 운동이었다. 이 운동은 1920년 기성회가 결성되어 본격적으로 추진되었다. 지역 유지를 비롯한 각계각층 주민들이 적극적으로 참여한 이 운동은 우여곡절을 겪었지만, 1925년 공립 진주고등보통학교(오늘날의 진주고등학교)와 사립 일신여자고등보통학교(오늘날의 진주여자고등학교)의 설립으로 결실을 맺으며 교육도시 진주의 위상을 확립하는데 이바지하였다. 이와 같이 교육을 강조하는 사회적 분위기는 형평사 활동에도 많은 영향을 미쳤다.

요컨대, 3.1운동 이후 진주에서 활발하게 일어난 다양한 사회 개혁 활동의 경험과 분위기는 형평사가 창립되고 전국적인 운동으로 발전하는 동력이자 자양분이었다. 전국 최초의 소년단체 결성을 통한 어린이운동, 불공정한 소작 관행을 개선하려는 소작인운동, 비인가 학교와 일신고보 설립을 주도한 주민교육운동을 비롯한 다양한 사회 단체 활동은 불합리하고 불공정한 전통 사회의 사회 제도와 관습을 타파하며 근대 사회로 나아가고자 하였다. 조선 사회 신분제의 폐습을 타파하려는 형평운동은 그러한 흐름에서 일어난 사회 개혁 운동이었다.

진주 지역의 역사적 유산

3.1운동 이후 진주에서 다양한 사회 개혁 운동이 일어난 요인은 무엇일까? 그 답은 진주의 역사적 유산과 사회적 여건에서 찾아야 할 것이다.

서부 경남에 위치한 진주는 통일신라 이후 1,300년 간 경상도 지역의 정치적, 경제적, 문화적 중심 고을이었다. 그렇게 오랜 세월 교육열이 높고 선구적인 사회 의식이 널리 퍼져있으면서 다양한 역사적 경험을 하였다. 예컨대, 조선 중기 남명 조식의 사상과 교육 활동, 그 제자들의 임진왜란 의병 활동, 1862년 임술년에 기득권에 저항하는 농민항쟁, 1894년 갑오농민전쟁의 영향 아래 이루어진 개혁 사상 확산 등 사회 개혁을 향한 역사가 있었다.

이렇게 오랜 기간의 역사적 유산을 가진 진주에는 사회 개혁을 향한 지역 사회 분위기와 활동 경험, 그리고 새로운 사상을 받아들이며 사회 개혁을 실현시키는 풍부한 인적 자원이 형성되어 있었다. 이와 같은 진주 지역의 역사적 경험과 사회적 여건은 전통 도시의 보수성과 맞물려 백정 신분 해방 활동에 복합적으로 작용하였다. 예컨대, 1900년 관찰사의 차별 철폐 집단 탄원과 주민 집단 폭력, 1909년 동석 예배 거부 사건과 화해, 1910년 도수조합 결성 시도와 실패 등 백정들은 양면적 성격의 경험을 통하여 공고한 차별 관습에 좌절하기도 하고, 다른 한편 신분 차별의 부당함을 깨닫기도 하였다.

그런 가운데 3.1운동 이후 형성된 새로운 사회 건설에 대한 열망과 사회 개혁 활동 경험은 형평사 창립과 발전에 크게 기여하였다. 특히, 사회 개혁 활동을 이끌어가는 사회운동권의 형성과 직업적 사회운동가 집단의 등장은 형평운동 발전에 직접적인 동력으로 작용하였다.

사회 개혁 활동에 전념하는 직업적 사회운동가들은 지역 사회운동의 활성화를 이끄는 핵심 요소였다. 그들은 대개 근대 교육을 받고 선진 의식을 갖고 있었다. 그 가운데에는 사회 개혁에 호의적인 지역 유지나 그 자제들이 많았다. 그들은 경제적으로 여유 있는 집안 형편 덕분에 사회운동에 전념할 수 있었다. 아울러 3.1운동을 경험한 주민들은 여러 목적의 사회 개혁 활동에 적극적으로 참여하며 사회운동의 활성화에 이바지하였다.

이와 같이 직업적 사회운동가 집단이 주도하고 주민들이 적극적으로 참여하면서 사회 개혁을 지향하는 다양한 사회운동이 발전하였다. 또 그러한 활동을 통하여 근대 사회로 나아가고자 하는 진주 지역의 사회 개혁 분위기가 만들어졌다. 이러한 사회적 여건은 백정 차별의 부당함을 인식하며 평등 사회를 만들고자 하는 형평사 창립의 바탕이 되었다.

한편, 3.1운동 이후 일제의 정책 변화도 지역 사회운동이 활성화하는 요건으로 작동하였다. 이른바 무단통치에서 문화통치로 바뀌면서 창간된 한글 신문과 잡지는 지역 소식을 알리는 통로 역할을 하였고, 언론사 지국은 직업적 사회운동가들이 지국장, 총무, 기자로 일하며 지역 사회 활동을 벌이는 근거지가 되었다. 예컨대, 형평사 창립을 주도한 강상호는 1920년에 창간된 『동아일보』의 초대 지국장이었고, 신현수는 1923년 형평사 창립 당시 『조선일보』 진주지국장이었다.

요컨대, 3.1운동 이후 진주에서 활발하게 일어난 다양한 사회 개혁 활동, 직업적 사회운동가 집단의 등장, 주민들의 적극적인 사회운동 참여, 사회 개혁 분위기 조성 등과 같은 사회적 여건은 형평사 창립과 형평운동 확산을 성공적으로 이끄는 주요 동력이었다. 보기를 들어,

직업적 사회운동가 강상호, 신현수, 천석구, 정희찬 등은 비백정 출신으로 형평사 창립의 핵심 요원으로 활동하였고, 진주청년회와 진주노동공제회는 형평사 창립 집회, 창립축하식 같은 행사를 적극적으로 지원하였다.

이와 같이 19세기 말 20세기 초 법적으로 신분제가 철폐되고, 평등의식이 확산되고, 백정이 신분 차별에 적극적으로 저항하고, 3.1운동 이후 사회 개혁 활동이 활발하게 일어난 사회적 여건에서 1920년대에 형평사 창립과 형평운동 발전이 이루어졌다. 곧, 형평사가 이학찬의 개인적 불만이나 수평사 영향으로 창립되었다고 이해하면 이러한 역사적 경험이나 사회 구조적 요인을 간과하게 된다.

형평사가 만들어지는 과정

형평사 창립 즈음 약 1만 5천 명의 진주 읍내 주민 가운데 백정은 약 350명으로 추산된다. 그들은 진주성 서쪽 망루 서장대 바깥 비탈 아래 나불천 주변이나 성밖 씨앗고개 넘어 옥봉 마을에 모여 살았다. 조선시대에 도심지 바깥에 둘러쳐진 진주성이 나중에 성곽으로 행정 기관이 있는 안성(내성)과 주민 거주지인 바깥성(외성)으로 나뉘어졌는데, 백정들은 안성은 물론, 바깥성 안에서도 살 수 없었다. 그런 탓으로 그들은 짐승을 잡고 고기를 다루며 가죽 제품을 만드는데 필요한 물을 쉽게 구할 수 있는 나불천이나 남강 가까이에 모여 살았다.

물론 형평사를 창립하게 된 핵심 요인은 사회 전반에 뿌리 깊이 남아있는 백정 차별 관습이었다. 법적으로 신분제가 폐기되었어도 여전히 남아있는 백정 차별 관습을 철폐하는 것이 형평사 창립 목적이었다. 1920년대에도 그만큼 백정 차별이 심했다. 예컨대, 형평사 창립 전해 1922년 5월에 대구에서 일어난 이른바 '백정 야유회' 사건은 그 실상을 잘 보여주었다. 사월 초파일을 맞이하여 옛 백정들이 금호강변으로 야유회를 가면서 노래 부르고 악기를 연주하는 기생들을 데리고 갔다. 그런데 이 사실을 뒤늦게 알게 된 지역 주민들이 백정들을 비난하고 야유회에 동행한 기생들을 성토하였다. 결국 기생조합은 그 기생들을 제명하는 징계를 내릴 수 밖에 없었다. 이처럼 백정들은 일상생활에서 갖가지 차별을 겪고 있었다.

형평사 창립 과정은 불분명한 점이 많다. 앞서 살펴본 바와 같이, 일제 경찰은 백정 이학찬이 자제 교육 차별에 불만을 갖고 강상호 등 비백정 출신 사회운동가들에게 호소하여 형평사 창립을 착수하였다고 기록하였다. 그러나 『조선일보』(1923년 4월 30일)는 1923년 봄에 강상호 등 진주의 사회운동가들이 백정 마을을 돌아다니며 신분 차별을 없애기 위한 단체가 필요하다고 설득하자 백정들이 공감하며 환영하였다고 보도하였다.

형평사 창립 과정을 간략하게 기술한 두 자료는 누가 먼저 주도하였

백정 집단 거주지이던 옥봉 주변 모습(2000년 조음).
왼쪽 언덕의 향교는 옛모습 그대로지만, 주거 지역 모습은 많이 바뀌었다.

는지 약간의 차이가 있지만, 모두 비백정 출신 사회운동가들과 백정들의 협력을 언급하였다. 결론적으로 형평사 창립은 강상호, 신현수, 천석구, 정희찬 등 비백정 출신 사회운동가들과 이학찬, 장지필 등 백정 유지들이 협력하여 이루어낸 결실이었음은 틀림없다.

요컨대, 형평사 창립의 직접적인 요인은 조선 500년에 걸쳐 지속된 피눈물나는 차별과 억압 관습의 잔재였다. 특히, 교육 차별을 비롯한 차별 관습에 대한 백정의 불만이 형평사 창립을 촉진하는데 작용하였다. 그리고 앞서 살펴본 바와 같이, 진주의 역사적 경험과 사회 문화적 바탕, 특히 3.1운동 이후 진주에서 활발하게 일어난 개혁 활동과 사회적 분위기 등이 신분제 잔재의 혁파를 주창하는 형평사 창립과 형평운동 발전을 이끌었다. 이러한 역사적, 사회적 여건에서 이루어진 형평사 창립은 자랑스러운 진주 역사의 한 부분이 되었다.

형평사 창립을 이끈 사람들

1923년 4월 24일과 25일, 이틀에 걸쳐 열린 기성회와 발기총회를 통해 형평사가 공식적으로 창립되었다. 형평사는 창립 취지에 동의하는 사람은 누구나 참여할 수 있는 '열린 단체'였지만, 형평운동을 이끄는 주축 세력은 백정이었다. 그들은 신분 차별 철폐와 평등 사회를 내건 형평사 창립의 최대 수혜자였다. 그리고 강상호, 신현수, 천석구, 정희찬 등 비백정 출신 활동가들이 형평사 창립과 형평운동 발전에 적극적으로 참여하였다. 우선, 그들의 면모를 간략하게 살펴보고자 한다.

강상호(1887-1957)는 대안면장을 역임한 지주 강재순의 맏아들로 신식 교육 기관인 진주공립보통학교(오늘날의 진주초등학교)와 진주농림학교에 다녔으며, 학생 시절부터 사회 활동에 적극적으로 참여하였다. 학업을 마치고 교육운동에 참여하던 그는 진주 3.1만세 시위를 주동하여 1년 간 감옥살이를 하였고, 출옥한 뒤 『동아일보』 초대 진주지국장을 역임하였다. 그리고 일신고보 기성회, 진주노동공제회, 진주공존회

등 교육운동, 노동운동 단체에서 열성적으로 활동한 사회운동가였다.

신현수(1893-1961)는 한약방 집안 출신으로 형평사 창립 당시 『조선일보』 진주지국장이었고, 진주저축계, 진주금주단연회, 진주부업장려회 같은 여러 단체에서 활동하였다. 천석구는 지물포, 잡화를 취급하는 화산상회를 경영하며 진주금주단연회, 보천교소년회 등에서 활동하였다. 그 둘은 발기총회에서 임원으로 선임되었지만, 신현수는 형평운동 전 기간에 걸쳐 열성적으로 활동한 반면, 천석구는 창립 시기 이후에는 형평사 활동에 거의 참여하지 않았다.

정희찬은 발기총회에서 선출된 임원 명단에는 없었지만, 창립 초기부터 형평사에서 활동한 것은 분명하다. 진주 상설시장의 상인 대표였던 그는 임원으로 5월 13일 창립축하식을 주관

비백정 출신으로 형평사 창립을 주도한 진주 지역 사회운동가 강상호(1887-1957, 위쪽)와 신현수(1893-1961, 아래쪽).

하였고, 다음날 열린 대표자 회의에서 본사 위원으로 선출된 이후 진주 형평사의 핵심 활동가로 형평운동에 적극적으로 참여하였다.

이와 같이 형평사 창립과 형평운동 확산에 참여한 비백정 출신 지도자들은 진주 지역의 이름난 사회운동가들이었다. 그들은 형평운동과 다른 사회운동의 협력과 연대를 이끌면서 형평사가 백정 단체에 머무르지 않고 공평 사회와 인간 존엄을 위해 활동하는 단체로 발전하는 데 기여하였다. 그러나 그들은 진주 지역 중심으로 활동하는 직업적 사회운동가였던 탓으로 지역 현안 문제가 대두될 때에는 형평사 활동을 소홀히하는 경향을 보였다.

발기총회에서 선출된 백정 출신 임원은 이학찬과 장지필 등 지도자급 활동가와 이사, 재무 등 실무 직책 활동가로 구분된다. 그들의 배경은 자세하게 밝혀지지 않았지만, 대개 진주에 처음 생긴 상설시장에서 정육점을 경영하며 다른 백정보다 경제적인 여유를 갖고 있었다고 알려졌다.

이학찬은 실무를 담당한 임원들보다 나이가 많은 진주 백정 사회의 유지였다. 일제 경찰 자료는 그가 자제 교육 차별을 겪으며 불만을 갖고 강상호 등에게 호소하여 형평사 창립을 착수하였다고 썼다. 이와 같이 그는 백정 대표자로 비백정 출신 활동가들과 협력하여 형평사 창립을 이끈 핵심 요원이었고, 형평사 총본부가 서울로 이전한 이후에도 중앙집행위원 등 여러 직책을 맡으며 적극적으로 형평운동에 참여하였다.

장지필(1883-1958, 본명 장태옥)은 발기총회에서 선출된 임원 가운데 유일하게 진주 출신이 아니었다. 그는 경남 의령에서 대대로 도축업에 종사하는 백정 출신이었다. 그의 아버지 장덕찬은 1900년에 관찰사에게 탄원한 백정들의 집단 행동을 주도하였고, 장지필도 1910년에 도수조합 결성을 시도한 이력이 있었다. 그 뒤 일본에 유학하여 메이지대학에서 법학을 공부하다가 가정 사정으로 3년 만에 중퇴하였고, 귀국 뒤에 피혁상에 종사하였다. 그는 조선총독부에 취직을 하려고 호적을 떼어 보니 신분란에 '도부'라고 쓰여 있어 취직을 포기하고 백정 해방 운동에 뛰어 들었다고 스스로 증언한 적이 있다. 이렇게 그는 백정 사회에서 널리 알려진 인물이었기 때문에 진주 출신이 아니었지만 형평사 창립 과정에 참여하게 되었을 것으로 짐작된다. 그는 1935년 대동사로 개칭될 때까지, 그리고 1930년대 말 즈음에 백정 권익 활동을 이끈 핵심 지도자로 많은 족적을 남겼다.

경남 의령 백정 출신으로 형평사 창립과 형평운동 발전을 이끈 지도자 장지필(1883-1958).

발기총회에서 간사, 이사, 재무, 서기 등 실무를 맡은 임원은 모두 진주의 백정 출신이었다. 그들은 상설시장에서 정육점을 경영하는 젊은 상인으로 재력이 있었다. 그 가운데 이봉기와 이두지, 유억만과 유소만은 형제였고, 하석금, 하윤조, 하경숙은 집안 사람이었다. 그리고 재무를 맡은 정찬조는 읍내로 이주하여 강상호 이웃에 살았다.

이와 같은 임원 배경을 통해 몇 가지 사실이 추정된다. 우선, 20세기 초 도시가 확장되고 상업이 발전하며 생긴 상설시장에서 정육점을 연 재력 있는 이들이 형평사 창립에 적극적으로 참여하였다. 또 정찬조의 경우에서 보듯이, 차별 관습이 느슨해지면서 성안으로 이사하여 사는 사례가 생겼고, 그러면서 비백정 주민들과의 교제 기회가 많아졌다. 그리고 대대로 같은 업종에 종사하며 한 마을에 사는 백정들은 강한 유대감과 동료 의식을 갖고 있었고 혈연 관계도 많았다. 그런 탓으로 형제와 집안 사람이 함께 형평사에 참여한 사례가 많았고, 백정 마을 사람들은 모두 형평사 사원이라는 연대감을 갖고 있었다.

요컨대, 형평사는 진주 지역 백정 사회의 유지와 젊은 재력가들, 그리고 비백정 출신의 사회운동가들이 협력하여 창립하였다. 이 두 세력의 협력은 형평사 창립과 형평운동 발전을 순조롭게 이끈 주요 동력이었다. 형평운동의 직접적인 수혜자인 백정들이 열성적으로 참여하고 비백정 출신 사회운동가들이 다른 사회운동과의 연대를 이끄는 가교 역할을 하면서 형평운동은 진주 지역뿐만 아니라 전국적인 사회운동으로 빠르게 발전하였다.

형평운동 기념탑에 세워진 평등의 문.
차별과 억압에서 벗어나 평등과 자유의 세계로 나아가는 것을 상징한다.

3.
형평운동의 확산과 충돌

1. 형평사에 관계하는 자는 백정과 동일한 대우를 할 것.

1. 소고기를 절대 사먹지 않을 것을 동맹할 것.

1. 진주청년회에 형평사와 관계 맺지 못하게 할 것.

1. 노동단체에 형평사와 관계 맺지 못하게 할 것.

1. 형평사를 배척할 것.

- 1923년 5월 형평운동 반대 활동을 위한 결의사항

"우리는 수천 년 동안 백정이라고 손가락질을 받아왔다. 그리하여 사람으로 당치않은 억압과 박대를 받아왔다. …… 이제 우리의 권리를 보호할 시기는 이때이다. 지금 형평사 기관이 있을 뿐이다. 이것을 폐지함은 우리의 운명을 우리

스스로 자살하는 것보다 더 잔혹하지 않느냐."

- 1923년 11월 7일 전조선 형평대표자 대회에서 장지필의 주장

형평사 창립축하식

형평사 창립은 언론에 크게 보도되었다. 『조선일보』는 "진주에 형평사 발기"라는 제목으로 "계급 타파를 절규하는 백정 사회, 우리도 이 세상 사람의 일 분자이니 압박 멸시 계급을 타파하자는 운동"이라고 보도하였다. 조선총독부 기관지 『매일신보』와 일본어 신문 『경성일보』, 일본의 『오사카아사히신문』도 형평사 창립 소식을 보도하였다.

형평사 창립은 수혜 당사자인 백정뿐만 아니라 국내외의 많은 사람에게, 특히 진보적인 사회운동 단체에 신선한 충격을 주었다. 모든 사람이 차별 없이 똑같이 대우받아야 한다고 주창한 형평사의 목적에 많은 사람이 공감하며 지지하였다. 특히, 전국의 백정이 대단히 열성적으로 형평사 창립을 환영하였다. 많은 지역에서 형평사 하부 조직이 자발적으로 결성되었다. 전북 김제과 이리에서는 서광회와 동인회라는 독자적인 이름의 단체를 만들며 형평사에 동조하였다.

지식인과 사회운동가들도 적극적으로 형평사 지지를 표명하였다. 『조선일보』는 사설을 통해 "하늘에서 내린 인류의 권리는 모두 똑같

은데 어찌하여 가축 고기를 먹는 사람들은 존귀한 대우를 받으면서 가축을 잡아먹을 재료로 제공해주는 사람들은 비천한 대우를 한다니 얼마나 잘못된 일인가를 깨닫고 형평사의 취지가 성공해야 할 것"이라고 주장하였다.

형평사 창립 소식이 일본에 알려지자 재일동포 단체들도 환영 의사를 밝혔다. 유학생 단체 북성회는 기관지 『척후대』에 "자세히 듣지는 못하였지만 굳세게 전진하라"는 제목의 논평을 실어 형평운동이 백정의 지위 향상에 머무르지 말고 불공평한 자본주의 체제를 무너뜨리고 사회주의 사회 건설에 매진하기 바란다고 당부하였다.

한편, 형평사 창립지 진주에서 형평운동 확산을 위한 다각적인 활동이 펼쳐졌다. 5월 2일과 3일에 진주청년회관에서 형평정신과 평등 사상을 알리는 문화 강연(오늘날의 시민교양강연)이 열렸다. 그리고 형평사 진주 본사는 경남 지역에 대표단을 파견하여 형평사 창립 소식을 전하며 지역 백정들의 참여를 권유하는 홍보 활동을 계획하였다. 이에 대해 많은 지역 백정들이 열렬히 호응하여 처음에 두 대로 계획한 파견 대표단을 네 대로 늘려야 했다. 그리고 경남 외 지역에는 언론 매체나 편지를 이용하여 홍보 활동을 폈다.

형평사 창립축하식이 계획대로 5월 13일 진주좌에서 열렸다. 창립 20일 만에 열린 대규모 공개 행사였다. 아침 10시경부터 자동차 세 대로 시가지를 돌아다니며 행사 내용과 형평사 창립 취지를 알리는 유

인물을 배포하여 진주 읍내가 떠들썩하였다. 행사가 열리는 진주좌는 한 해 전 1922년에 건립된 진주의 최대 공연장이었다. 이렇게 신분 차별을 철폐하자는 단체를 결성하고 대규모 축하 행사를 개최한 것은 유례없는 일이었다. 그것은 백정 역사의 새로운 이정표로 인식되었다.

창립축하식은 오후 1시에 강상호의 개회사로 시작되었다. 장내에는 진주 지역 형평사원과 경남 22개 지역 백정 대표자를 비롯하여 충남의 오성환, 천명순, 경북의 김경삼, 부산의 이성순, 마산의 박유선 등 각 지역 백정 유지 400여 명이 참석하였다. 행사는 식순에 따라 취지

1923년 형평사 창립축하식이 열린 진주좌의 표지석(1996년 제막 당시).
진주좌는 진주극장으로 바뀌었다가 2000년대 초 복합상가 건물로 재건축되어 옛모습을 찾을 수 없다.

설명, 국내외 사회단체의 축전 낭독, 진주 사회운동가들의 내빈축사로 진행되었다. 오후 5시경 '형평사 만세' 삼창으로 공식 행사가 끝났지만, 6시 30분 경까지 여흥이 이어졌다.

『조선일보』, 『동아일보』 등 전국의 언론은 창립축하식을 대서특필하였다. 지역 언론인들도 이 행사에 적극적으로 협력하였다. 『조선일보』 진주지국장 신현수는 창립 취지 설명을 맡았고, 『동아일보』 진주지국 기자 남홍(남해룡)은 강연을, 일본신문의 진주 주재기자 카쓰다 이스케는 축사를 하였다.

창립축하식에 참석한 지역 대표 300여 명은 다음날 5월 14일에 진주 청년회관에 다시 모여 형평운동 발전 방안을 논의하였다. 그들은 형평사의 전국 확대를 결의하며 본사에 서무부, 재무부, 외교부(대외 협력 담당), 교육부, 정행부(사원 윤리 담당) 등 다섯 개 부서를 두고, 각 도에 지사, 각 군에 분사를 설치하기로 하였다.

그리고 본사 임원을 새로 선임하였다. 진주의 강상호, 신현수, 천석구, 정희찬, 장지필, 이학찬과 부산의 이성순, 조익선, 마산의 박유선, 이상윤, 대구의 김경삼이 본사 위원으로, 충남의 천명순, 충북의 강태원, 대구의 김경삼, 부산의 조주선이 각 지역 지사장으로 선임되었다. 그들은 대개 피혁상[가죽 장사]이나 정육점으로 재산을 모은 지역 유지들이었다. 그렇게 여러 지역 유지들이 임원진에 보강되면서 형평사는 전국 조직의 모습을 갖추며 유지 중심으로 활동하는 단체의 성격을 갖게 되었다.

이어서 지역 대표자들은 참여자 확대와 재정 확보 방안을 논의하여 의무적인 회비 납부와 자발적인 의연금 모금으로 본부 재정을 마련하기로 결의하였다. 그리고 창립축하식에 참석한 개인이나 단체가 약 2,200원의 의연금을 기부하여 형평사 활동을 지원하였다. 당시 경제 규모로 큰 금액인 그 덕분에 형평사는 재정적 어려움 없이 활동할 수 있게 되었다.

그리고 달마다 일정한 수당을 받으며 실무를 총괄하는 상무위원을 두기로 하고 장지필을 선임하였다. 백정 출신으로 도수조합 결성 시도, 일본 유학, 피혁상 종사 등을 경험한 그의 이력과 역량이 참작되었을 것이다. 그리하여 장지필은 형평사의 전업 활동가로서 형평운동의 핵심 역할을 맡게 되었다.

전국으로 퍼지는 형평운동

형평사 창립축하식은 초기 단계에 형평운동 확산을 촉진하는데 크게 이바지하였다. 특히, 형평사 창립을 전국에 알리면서 많은 지역 백정 유지들이 참여하게 되었다. 그리고 임원 개선과 조직 확장을 통해 전국적인 단체의 면모를 갖추고 다양한 활동 방안을 빠르게 추진하게 되었다.

형평운동 초기에 본사가 있는 경상도 지역은 분사 결성이 활발한 반면, 다른 지역은 상대적으로 부진하였다. 진주 본사는 삼남 지방에 형평운동 취지를 알리며 지사와 분사 설립을 지원하는 선전대를 파견할 계획을 세웠다. 그리하여 제1조 신현수와 장지필, 제2조 강상호와 이학찬으로 구성된 선전대가 1923년 5월과 6월에 중부 이남 전역을 순회하였다.

제1조 신현수와 장지필은 5월 21일 대전에서 열린 형평사 남선대회에 참석하였다. 이 집회는 천안, 조치원, 공주, 옥천, 전주 등지의 충청도와 전라도 유지 100 여 명이 참석한 형평운동 전진대회였다. 참석자들은 각자 지역에서 분사를 결성하며 형평운동을 이끄는 주축 세력으로 활약할 것을 다짐하였다.

다음날 신현수와 장지필은 대전분사 창립을 도운 뒤 전북 정읍분사(5월 23일), 전남 광주지사(5월 25일), 목포분사(5월 27일), 전북 김제의 서광회(훗날 김제분사로 개칭, 5월 28일), 군산분사(5월 30일), 전북 익산군 이리의 동인회(훗날 이리분사로 개칭, 5월 30일) 등 전라남북도 지방을 순회하며 분사 창립 발기회나 창립 기념식에 참석하여 축사나 강연을 하며 형평운동의 취지를 알렸다.

지사와 분사의 창립은 대개 진주의 형평사 창립과 비슷한 방식으로 먼저 발기인 모임을 가진 뒤, 형평운동을 대내외에 알리는 창립총회나 발기총회를 열었다. 곳에 따라 창립축하식을 따로 열기도 하였다. 본사 임원은 이러한 행사에 참석하여 형평운동의 취지를 설명하며 연대 활동을 증진하고자 하였다.

신현수는 이리(오늘날의 익산시)에서 형평운동 반대 활동이 벌어지는 진주로 돌아가고, 장지필은 전북 전주지사 창립(5월 31일)을 도운 뒤 충남 공주로 가서 제2조 선전대 강상호와 이학찬에 합류하였다. 그들은 임시로 논산에 설치되었던 충남지사를 도청 소재지 공주로 이전하며 다시 연 창립총회에 참석하고(6월 6일), 청주, 조치원, 천안(6월 9일)의 분사 발회식을 도운 뒤 경북 대구에서 본사 위원 천석구를 만나 대구지사 창립축하식에 참석하였다(6월 10일). 그리고 장지필, 천석구, 이학찬은 밀양을 거쳐 진주로 돌아왔고, 강상호는 삼랑진을 거쳐 부산으로 가서 경남 지방을 순회 중인 본사 위원 하석금을 지원한 뒤 함께 진주로 돌아왔다.

언론은 진주 본사의 선전대 활동을 상세하게 보도하였다. 본사의 순회 활동은 삼남 지방에서 지사와 분사가 대거 결성되는 성과를 냈다. 그렇게 전라도, 충청도 지역에서 조직이 결성되면서 형평운동은 빠르게 전국적인 사회운동으로 발전하였다. 일제 경찰 보고서에 따르면, 1923년 말 형평사 조직은 본사 1개, 지사 12개, 분사 67개 등 80개에 이르렀다.

요컨대, 형평사가 창립 1년 만에 전국적인 사회운동 단체로 성장한 것은 진주 본사의 적극적인 조직 확대 추진, 각 지역 형평사원들의 열렬한 참여와 성원, 사회운동 단체 활동가들의 협력이 어우러진 결과였다.

눈에 보이는 형평운동 성과

형평운동이 초기 단계에 폭발적으로 발전한 배경에는 백정들이 바라는 것들이 실제로 이루어진 성과가 있었다. 대표적인 사례가 민적(오늘날의 호적)의 신분 표시 삭제였다. 1894년 갑오개혁으로 신분이 없어졌는데도 1920년대까지 관청 문서 민적에 '도살', '도수업[짐승 잡는 직업]' 같은 직업으로, 또는 붉은 동그라미나 점으로 신분 표시가 남아 있었다. 형평사원들은 주민의 가계나 거주 정보를 기록한 정부 문서인 민적이 백정 신분을 밝혀주는 증명서로 이용된다고 생각하였다. 더 나아가 차별 악습이 일상생활에 뿌리깊이 남아있는 상황에서 관청조차 굴욕적 신분 차별을 뒷받침해준다고 인식하였다.

형평사 창립 직후 본사 임원들은 경남 경찰부를 방문하여 민적부의 신분 표시 삭제를 요구하였다. 그러자 경찰부 고등과장이 각 군청에 신분 표시 삭제를 명령하였다. 형평사원들은 이것을 형평운동의 결실이라고 반겼다.

또 하나의 성과는 형평사의 교육 활동이었다. 진주 본사는 발기총회에서 걷힌 의연금으로 사원 교육을 위한 야학을 개설하였다. 진주 시내 대안동의 보건진료소를 1,500원에 사들여 본사 사무실을 내면서 형평 야학을 설치하였다. 부족분은 유지들이 기부금으로 보탰다. 강사로 교육 받은 사원들을 청빙하였고, 글자와 셈본 등 생활에 필요한 지식을 가르쳤다. 비록 비인가였지만, 자녀 교육 기회를 갖게 된 사원들은 야학 개설을 열렬히 환영하였다. 이에 힘입어 진주 본사는 지사와 분사에 야학이나 강습소 설치를 권장하였다.

1920년대 초 초등교육을 위한 공립보통학교가 진주 읍내에 두 개뿐이었고, 면 지역은 대부분 없었다. 게다가 수용 학생 수가 적어서 학교 입학 기회가 대단히 낮았다. 이런 상황에서도 형평사는 교육을 강조하며 사원 자녀의 학교 입학을 적극적으로 권장하였다. 글쓴이가 만난 진주의 형평사원 후손은 "부모 손을 잡고 처음 학교에 간 것이 아니라 강상호 선생님의 손을 잡고 갔었다"고 증언하였다. 사원 자녀들은 학교 입학도 쉽지 않았지만, 학교에서 겪는 차별이나 가정 형편으로 중도에 그만두는 사례가 많았다. 그래서 형평사는 학업을 중단하지 않도록 독려하는 활동을 폈다.

그리고 형평사는 신문과 잡지 구독을 권장하고 교양 강연회를 개최하며 사원 계몽 활동을 벌였다. 교양있게 행동하며, 이웃 관계나 사회생활에서 품위를 잃지 않는 것이 똑같은 사람으로 평등하게 대우 받는 데 필요하다는 인식이 확산되었다. 이와 같은 교육 및 교양 활동 덕분에 사원들은 능력과 인격이 향상된다고 생각하며 형평운동을 지지하였다.

또 형평사는 경제적으로 곤란을 겪는 사원들을 돕는 활동을 벌였다. 진주 본사는 상부상조한다는 사칙 규정대로 일자리를 제공하기 위하여 인쇄업을 계획하면서 훗날 자금이 보이면 다른 사업을 확장한다는 구상이었다. 그러나 이 계획이 순조롭게 진행되었는지는 의문이다. 대대로 이어오던 일자리를 잃고 전통 산업에서 누리던 경제적 권익을 위협받는 상황에서 사원들은 형평사가 이 문제를 타개하는데 적극적으로 활동하기를 기대하였다. 그런데 진주 본사의 사업 계획은 사원들의 기대와 거리가 멀었다. 이와 같은 활동 내용과 방향을 둘러싼 의견 차이는 훗날 파벌 대립의 씨앗으로 작용하였다.

요컨대, 형평사는 신분 차별 철폐와 평등 대우를 주창하면서 민적의 백정 표시 삭제, 형평 야학 설치, 교육 및 교양 함양, 일자리 마련 같은 구체적인 활동으로 사원들의 호응을 얻었다. 인쇄업 추진과 같이 모든 활동이 성공적으로 진행된 것은 아니지만, 이러한 활동은 사원들의 지지를 받아 지역 조직이 확장되고 형평운동이 빠르게 발전하는 디딤돌이 되었다.

진주에서 벌어진 형평사 반대 활동

1923년 봄에 진주는 형평사의 창립 집회, 대규모의 창립축하식 거행, 형평운동의 전국 확산으로 고을 전체가 들끓었다. 진주가 우리나라의 유례없는 새로운 역사 현장이 된 것이다. 그런데 고루한 신분 의식에 얽매여 있는 '편협한 보수주의자'들은 그런 것들이 달갑지 않았다. 그들은 수 백년 동안 지속되던 백정 차별 관습이 무너지고, 온갖 차별과 업신여김을 당해도 꼼짝하지 않던 백정이 들고 일어난 것을 못 마땅하게 여겼다. 그런 주민들 중심으로 형평사에 대한 적대감이 확산되었다.

주민들의 적대감은 형평사 창립축하식이 준비되면서 더욱 노골적으로 드러났다. 형평사가 축하식 여흥 공연을 진주기생조합에 부탁하였지만 거절당해 일본인 가무단에 맡길 수 밖에 없었다. 형평사 반대 분위기가 고조되면서 형평사원과 비백정 주민 사이의 다툼이 빈번하게 일어났다. 창립축하식이 끝난 며칠 뒤 저녁, 술 취한 사람이 형평사원 가게에서 행패를 부려 시작된 사소한 말다툼이 형평사원과 비백정 주민 사이의 집단 패싸움으로 번졌다.

5월 24일 진주 24개 동리 농청 대표자들이 시내 한복판 중안동 동사무소에 모여 형평사 반대를 결의하고 소고기를 사먹지 않기로 하였다. 그날 밤 수백 명의 군중이 형평사 반대 구호를 외치며 "형평사 공격", "새백정 강상호, 신현수, 천석구"라고 쓴 깃발을 들고 진주 시내를 휩쓸고 다녔다. 그들은 형평사 창립을 주도한 비백정 출신 활동가들을 새백정이라고 모욕하며 신현수와 천석구의 상점과 강상호 집에

돌을 던져 위협하였다. 일부는 설립 인가를 위해 닦아놓은 일신고등보통학교 터(오늘날의 진주고등학교 자리)에 소를 끌고 와서 "새백정 나와서 소 잡아라"고 외쳐댔다.

형평사 관계자와 그 가족들은 군중의 난동에 공포를 느끼며 피신해야 했다. 그러나 그들은 그러한 위협에 쉽게 굴복하지 않았다. 그들은 차별에 저항하다 겪은 선조들의 좌절을 기억하고 있었다. 1900년 관찰사에 집단 탄원하며 겪은 쇠가죽 갓끈 착용의 모멸과 주민들의 백정 마을 습격, 1909년 기독교 신도들의 동석 예배 거부, 1910년의 도수조합 설립 실패 같은 쓰라린 역사는 형평사원들이 물러서지 않고 결사항전을 결의하는 디딤돌이 되었다. 그들은 형평사 사무실과 사원들의 재산을 지키기 위해 결사대를 조직하였다.

비봉산 기슭에 있는 의곡사 현판(2000년).
형평운동 반대 활동을 결의한 곳으로 가까이에 3.1운동 이후 설립 운동을 벌이는 일신고등보통학교 부지(오늘날의 진주고등학교 터)가 있다.

형평사 반대 활동을 이끄는 농청이 소고기 불매운동을 벌이면서 갈등은 더욱 심해졌다. 농청은 마을마다 2명씩 감시조를 배치하여 소고기를 사먹는지 감시하였다. 그들은 소고기 사는 것을 응징하겠다고 협박하며 음식점마다 소고기 사용 여부를 조사하였다.

사흘째 되던 날 농청 대표자 70여 명은 진주 시내에 가까운 의곡사에 다시 모여 다음과 같은 다섯 가지 사항을 결의하였다.

1. 형평사에 관계하는 자는 백정과 동일한 대우를 할 것.
2. 소고기를 절대 사먹지 않을 것을 동맹할 것.
3. 진주청년회에 형평사와 관계 맺지 못하게 할 것.
4. 노동단체에 형평사와 관계 맺지 못하게 할 것.
5. 형평사를 배척할 것.

이와 같이 그들은 형평사 배척과 소고기 불매운동에 멈추지 않고 형평사에 협력하는 사회단체에 압력을 가하였다. 특히, 형평사 창립 행사에 회관을 빌려준 진주청년회, 형평사 창립축하식을 적극적으로 후원한 진주노동공제회를 지목하여 형평사와의 단절을 요구하였다. 형평운동을 돕는 사람이나 단체는 모두 형평사와 같은 패거리라는 것이었다.

형평사 반대 활동으로 연일 진주 전체가 떠들썩하였다. 수백 명의 군중이 형평운동 반대를 외쳐대며 형평사원과 후원 단체 회원들을 위

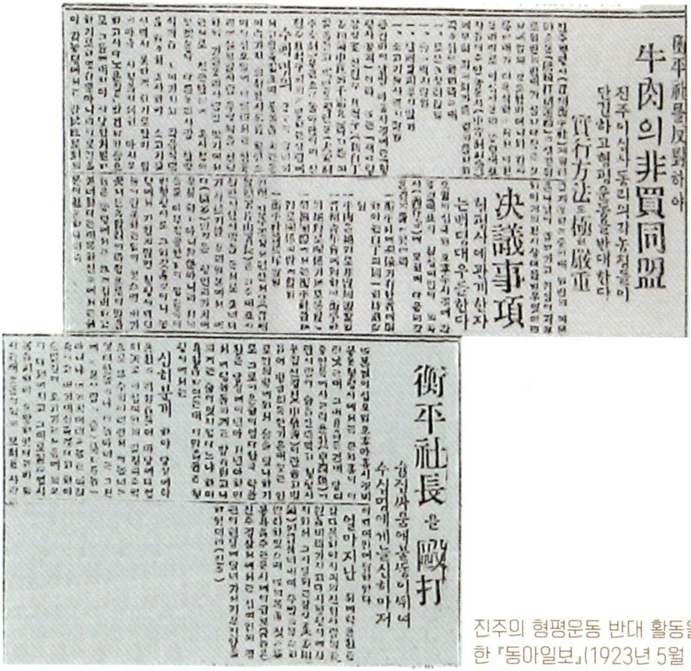

衡平社員反對하야

牛肉의非買同盟

實行方法도極히嚴重

決議事項

衡平社長을毆打

진주의 형평운동 반대 활동을 보도한 『동아일보』(1923년 5월 30일).

협하였다. 형평사원들은 신변의 위험을 느끼면서도 결사항전의 의지를 다지며 대항하였다. 그러나 고기가 팔리지 않아 형평사원들은 점점 생활에 곤란을 겪을 지경이 되었다. 형평사 창립 이래 가장 큰 시련이었다.

진주 사회단체 활동가들은 이 대결 상황을 심각하게 인식하며 해결의 실마리를 찾고자 노력하였다. 형평사에 반대하는 농민들의 배후에 지주 세력과 보천교가 있다는 확인되지 않은 소문이 돌았다. 진주노동공제회의 소작인운동에 반감을 가진 지주들이 "진주노동공제회 간부들이 형평사를 지지한 대가로 5천 원을 받았고, 형평사 발기인들도 돈을 받고 하는 것"이라는 소문을 퍼트리며 고루한 농민들을 선동하였다는 것이다. 또 사회운동 단체들이 보천교를 반사회적이며 반도덕적이라고 비판하자 이에 대항하여 보천교 측이 농민들을 자극하는 소문을 퍼트리며 분란을 조장하였다는 것이다. 이처럼 형평사 반대 활동 배후에 사회 개혁 단체에 대한 수구 세력의 불만이 있다고 추측되었다. 곧, 수구 세력이 형평사 창립에 불만을 가진 농민을 선동하여 형평사를 공격하며 사회단체 활동에 타격을 주려고 한 것이다.

이러한 대립 상황을 타개하기 위해서 노동공제회 등 사회단체 활동가들은 형평사와 농민 사이를 중재하려고 애썼다. 형평사 측에 결사대 해체를 요구하는 한편, 농민 집회에 참석하여 소고기 불매 동맹을 취소하고 형평사 반대 운동을 중단하라고 설득하였다. 농민 권익을 위해 활동해온 노동공제회 활동가들의 설득은 효과가 있었다. 그 결과 6월 중순에 형평사와 반대 세력이 대립을 멈추고 화해하였다.

창립지 진주에서 일어난 전국 최초의 대규모 충돌 사건이 해결되면서 형평사는 전국의 형평운동을 이끌어가는 본사 역할에 매진하게 되었다. 아울러 지역 사원들의 권익을 위한 분사의 책무를 게을리하지 않았다. 그 뒤에도 몇 차례 형평운동을 둘러싼 갈등이 간헐적으로 일어났지만, 형평운동 발상지 진주에 형평사 반대 활동을 위한 상설 조직이 만들어진 적은 없었다.

결사적으로 저항하는 형평사원들

형평운동이 발전하면서 신분 차별 관습을 유지하려는 고루한 보수 세력과 형평사원들 사이의 충돌과 대립이 전국 곳곳에서 일어났다. 보수 세력은 형평운동에 적대감을 갖고 사원들을 공격하였고, 심지어 굴욕적인 차별 관행을 강요하였다. 특히, 1923년 9월 4일 충북 제천에서 일어난 사건은 충격적이었다. 수백 명의 군중이 형평분사 창립축하식을 습격하여 식장을 때려부수고 사원들을 집단 폭행하였다. 그리고 그들은 사원들에게 강제로 패랭이를 씌우고 목줄을 매어 시내를 끌고 다니는 만행을 저질렀다.

형평사는 차별 사건이나 형평운동 반대 활동에 단호하게 대처하였다. 사원들은 더 이상 차별과 억압을 숙명으로 여기며 순응하던 옛날의 백정이 아니었다. 그들은 차별의 부당함을 외치며 형평운동 반대 세력에 적극적으로 저항하였다. 그들 사이에 형평사 중심으로 단결하여 조직적으로 반대 세력과 싸워야 한다는 인식이 퍼졌다. 아울러 형평사도 차별이나 부당한 처사에 대항하도록 사원들을 끊임없이 일깨웠다. 본사, 지사, 분사는 차별 사건에 대항하기 위하여 체계적으로 협력하였다. 이러한 변화 모습은 곳곳에서 일어난 충돌 사건에서 잘 볼 수 있었다.

예컨대, 1923년 6월 초 경남 울산 사건을 겪으며 형평사원들은 집단적으로 대응하였다. 한 형평사원이 경찰 당국의 허가를 받아 소를 잡았는데, 술 취한 경관이 허가 없이 도축하였다면서 '백정'을 들먹이며 그 사원에게 욕설을 퍼붓고 구타하였다. 그러자 그 사원이 구타하는 경관에 대들어 항의하였다. 경찰의 횡포와 모욕적인 행동에 더 이상 굴욕적으로 참지 않았던 것이다. 그러나 예전에는 상상할 수 없는 장면이었다. 도축 허가권을 가진 경찰은 형평사원들에게 거역할 수 없는 절대적 존재였기 때문이다.

동료 형평사원들이 그 경관을 당국에 고발하였다. 그런데 경찰 당국은 서로 화해하라고 할 뿐 문제를 해결하려고 하지 않았다. 그러자 형평사원들이 이 사건을 진주 본사에 알렸다. 본사는 조사단을 현지에 파견하여 사건 진상을 조사하고, 마침내 경찰서장의 사과를 받아냈다. 지역의 사원들과 진주 본사가 조직적으로 대응하여 사건을 처리한 것이다.

이와 같은 조직적 대응은 형평사 창립의 결실이었다. 형평사원들은 예전과 달리, 차별과 부당한 처사에 적극적으로 대항하며 당국에 고발하여 사회 문제로 만들었다. 그리고 동료들과 연대하여 문제를 해결하려고 하였다. 차별과 부당한 대우를 숙명으로 받아들이던 '백정'이 부당함에 저항하며 공평한 처리를 요구하는 '형평사원'으로 바뀌고 있었다.

1923년 8월 경남 김해의 대규모 충돌 사건은 또 다른 양상을 보여주었다. 사건의 발단은 일본 동경 유학생 단체 북성회의 여름철 순회 강연회였다. 일찍이 형평사 창립을 환영한다고 밝힌 북성회는 순회 강연에서 형평운동의 역사적 의미를 알리고자 하였다. 진주 강연을 마친 북성회 강연단이 김해에 도착할 때 문제의 소란이 일어났다.

김해 야학교 학생들과 형평사원들이 함께 역전에 마중 나가기로 하였는데, 일부 학생이 "백정과 함께 갈 수 없다"고 반발하였다. 강연회 주최 측과 학생들 사이에 갈등이 생기자 평소 형평사원들의 '짓거리'를 못마땅하게 여기던 주민들이 학생 편을 들면서 소란이 더욱 커졌다.

그 뒤에 김해 형평분사 창립축하식이 열리자 학생과 농민 수백 명이 더욱 노골적으로 불만을 갖고 작당하여 청년회가 야학교를 운영하는 청년회관에 돌을 던져 유리창을 깼다. 그들은 다음날 청년회원과 형평사원들을 집단 구타하고 형평분사장 이옥천 집에 몰려가 가재도구를 부수었다. 그리고 형평사원들이 모여 사는 왕릉 마을까지 몰려가서 집과 기물을 파손하였다. 그들의 난동에 형평사원들이 대항하면서 쌍방간에 격투가 벌어졌다. 『조선일보』는 이 사건을 "김해의 계급적 대충돌"이라고 크게 보도하였다.

폭력 사태가 크게 일어났지만, 경찰은 동족끼리 싸우는 것을 말릴 이유가 없다는 듯이 방관하였다. 폭력은 수그러들 기미를 보이지 않으며 계속 확산되었다. 그러면서 경찰의 처사에 대한 비난이 높아지자 경찰이 비로소 폭력 사태 주모자 10명을 검거하였다. 역사상 처음으로 백정을 집단 폭행하고 재산을 파괴한 사람들이 치안 당국의 제재를 받은 것이다.

그러면서 사태가 진정되기 시작하였지만, 양측의 갈등은 쉽게 해소되지 않았다. 형평사 반대 세력이 벌이는 소고기 불매운동이 한 달 가까이 지속되면서 형평사원들의 경제적 타격이 날로 커졌다. 형평사원들이 서로 돕고, 행상하는 여자 사원들은 다른 마을까지 고기 팔러 다니는 등 대처하였지만 사원들은 생계 위협까지 받게 되었다.

이렇게 대립이 계속되자 면장이 양측 대표의 타협을 주선하였고, 김해청년회도 양측의 중재를 위해 노력하였다. 마침내 경찰과 군청 관리가 입회한 가운데 양측이 타협하였다. 주민들은 형평사에 반대하지 않으며 사원들에게 친절하게 대하기로 하고, 형평사 측은 주민들이 입힌 재산 손해를 불문에 부치고 경찰서에 갇힌 폭력 가해자들을 위문하기로 하였다. 많은 재산을 잃고 폭력 피해까지 본 형평사 측이 손해 배상은 고사하고 수감된 가해자를 위문하기로 한 억울하기 그지없는 타협안이었다. 그렇게 불공평한 타협안이었지만, 형평사 측은 비백정 주민들과 공식적으로 협상하였다는 선례를 만든 것에 위안을 삼았다.

요컨대, 김해 사건은 고루한 주민들이 형평사에 반대하며 벌인 공격에 형평사원들이 적극적으로 대항하면서 충돌 양상이 커졌고, 공무를 수행하는 면장과 경찰, 군청 관리가 개입하여 양측이 협상하여 해결한 선례를 남기며 마무리되었다.

이와 같이 형평운동을 둘러싼 크고 작은 갈등과 충돌이 전국 곳곳에서 반복하여 일어났다. 곳에 따라서 지역 문제로 발전하며 사회단체 활동가, 보수 세력, 경찰 등이 관여하였고, 충돌 규모가 커지면서 전국적인 관심사로 확대되었다. 특히, 언론은 충돌 사건을 자세하게 보도하여 전국적인 관심을 불러일으켰다.

충돌 사건으로 형평사원들이 겪는 고초는 이루 말할 수 없이 컸지만, 차별 철폐와 공평 사회를 이루려는 목표와 의지는 흔들리지 않았다. 사원들은 차별의 부당함을 인식하며 구습의 잘못된 관행에 적극적으로 저항하였다. 예컨대, 경북 예천에서는 구습 타파의 의미로 상투를 자르기로 결의하고 단체로 실행하였고, 울산에서는 공무를 집행하는 경찰의 부당한 처사에 조직적으로 저항하였고, 경남 삼가에서는 댓가 없이 고기를 뺏어가고 영업을 방해하는 관리의 횡포에 항의하며 시정을 요구하였고, 통영에서는 부당하게 세금을 매기는 면장을 당국에 고발하였다. 이처럼 형평사원들은 개인적으로 당하는 차별과 억압을 더 이상 숙명처럼 감내하지 않고 다른 사원들이나 형평사에 알려 적극적으로 문제를 공론화하며 사회 전체의 관심을 불러일으켰다. 이러한 변화는 형평운동의 성과로 인식되었다.

형평운동을 응원하는 사회

고루한 보수 세력과의 충돌 사건이 빈번하게 일어났지만, 형평운동은 빠르게 발전하였다. 가장 큰 동력은 직접적인 혜택을 받는 백정의 참여와 지지였다. 말 그대로 그들은 형평운동의 주축 세력이었다. 수백 년 동안 처절하게 차별과 억압을 받으며 형성된 혈연, 지연, 직업의 유대 관계는 형평운동의 든든한 버팀대였다.

형평운동 발전을 이끄는 또 하나의 동력은 비백정 사회운동가들의 지원이었다. 진주에서 비백정 출신 사회운동가들이 형평사 창립을 이끈 것처럼, 많은 지역의 사회운동가들이 형평운동에 적극적으로 협력하고 지지하였다. 3.1운동 이후 전국 곳곳에서 폭발적으로 일어난 사회운동에 참여하는 활동가들은 형평운동의 든든한 후원 세력이었다. 그 가운데 전북 정읍의 최중진, 이리의 임중환, 마산의 여해와 같이 형평운동에 직접 참여하는 활동가들도 생겼다.

이와 같이 백정과 사회단체 활동가들이 협력하는 덕분에 형평사 행사는 본사, 지사, 분사의 관계자들뿐만 아니라, 지역 유지와 사회단체 대표들이 연대하는 무대가 되었다. 전북지사 창립 축하식을 보도한 『조선일보』(1923년 6월 30일)의 다음 기사는 이러한 모습을 잘 보여주고 있다.

"…… 각 도 각 지에서 내빈과 사원 약 300여 명과 경찰관 유지 및 신문기자 등이 다수 참석한 후 지사장 권두호 씨이 개회 신언과 진주 본사 집행위원 신현수 씨의 사회사, 동 장지필 씨의 취지 설명이 있은 뒤 내빈 이용기, 안종진, 최중진, 전철, 현제왕, 이학묵, 김병숙, 정읍 기독교 목사, 김제 청년회장 제씨가 연속 등단하여 격려 찬성 축사와 사원의 답사로 5시경에 산회하고……" (부분적으로 오늘날 말투로 고침)

형평운동이 사회단체 활동가들의 참여와 협력을 통하여 빠르게 발전하면서 형평사와 사회단체의 연대에 대한 요구가 커졌다. 예컨대, 1923년 6월 18일 진주청년회관에서 열린 시국 강연회에서 진주 사회운동가 박영환은 "노동운동과 형평운동은 악수하라"는 연제로 강연하였고, 동경 유학생 단체 북성회는 1923년 여름방학 순회 강연에서 형평사가 백정 신분 해방에만 머무르지 말고 사회 전체의 개혁에 애쓰기 바란다고 하였다. 이렇게 다른 사회운동과의 협력과 연대 활동이 활발해지면서 형평운동은 점점 사회운동권의 핵심 구성원으로 자리잡아 갔다.

형평운동 확산에 기여한 또 하나의 축은 언론이었다. 신문은 형평사 조직 결성, 창립축하식 같은 행사, 회의 일정과 결의 사항, 형평운동을 둘러싼 충돌 등을 상세하게 보도하였다. 그리고 사설이나 시평을 통하여 형평운동에 호의적인 의견을 개진하였다. 그러한 언론 보도는 전국의 형평사원과 사회운동가들이 정보를 획득하고 교환하는 것을 도울 뿐만 아니라 사람들에게 형평운동을 알리는 데 크게 이바지하였다.

형평사 내부의 파벌 다툼

형평사가 창립된 지 불과 몇 개월이 지나지 않아 내부 갈등의 조짐이 나타났다. 처음에는 진주 본사 위치에 대한 불만으로 나타났다. 특히, 중부권 사원들이 한반도 최남단에 위치한 진주가 너무 외져서 전국적인 사회운동 본부로 적당하지 않다고 하였다. 이런 불만을 반영하여 1923년 11월 7일 대전에서 열린 전조선 형평 대표자 대회에서 1924년 3월까지 본사를 대전으로 이전하기로 결의하였다.

주로 전북, 충남북의 지사와 분사 대표자가 참석한 이 집회에서 본사 이전 결의와 함께 활동 방향이 논의되었다. 회의가 시작되자 어느 사원이 형평사의 필요성에 문제를 제기하며 해체안을 제안하였다. 그러자 본사 위원 장지필이 비분강개하여 "우리는 수천 년 동안 백정이라고 손가락질을 받아왔다. 그리하여 사람으로 당치않은 억압과 박대를 받아왔다…… 이제 우리의 권리를 보호할 시기는 이때이다. 지금 형평사 기관이 있을 뿐이다. 이것을 폐지함은 우리의 운명을 우리 스스로 자살하는 것보다 더 잔혹하지 않느냐"면서 형평사 유지를 역설하며 사원 권리 보호의 중요성을 강조하였다. 그러자 참석자들이 장지필의 주장을 열렬히 지지하여 해체안은 더 이상 거론되지 않았다.

그리고 참석자들은 전국 곳곳에서 일어나는 형평운동 반대 세력과의 충돌 사건의 진상을 철저하게 조사하고 단호하게 대응할 것을 결의하였다. 아울러 전통 산업에서 겪는 사원들의 경제적 곤란을 논의하며 사원의 권익 보호 방안을 빨리 마련하기로 하였다.

일제 권력의 비호를 받는 일본인 상인들이 막대한 자본을 이용하여 도축업을 장악하면서 사원들은 도살장 일꾼으로 전락하였고, 고기를 공급하는 도축업자의 횡포에 정육점을 경영하는 사원들이 겪는 곤란도 날로 심해졌다. 그리고 고기 가죽을 말리는 건피장 소유권이 일본인 거류민의 친목 단체인 학교조합으로 넘어가면서 사원들이 가내 수공업으로 생산하는 피혁 제품은 점점 경쟁력을 잃었다. 이런 상황에서 사원들의 위기감은 날로 커졌다.

그러나 대전 집회의 본사 이전 결의는 1924년 2월 10일과 11일 부산에서 열린 형평사 전조선 임시총회에서 번복되었다. 주로 경남북 활동가들이 참석한 이 집회에서 본사 이전이 4월 제2회 정기총회까지 보류하기로 결정되었다. 그리고 사원 교육 및 교양 활동 강화, 적극적인 차별 관습 대항, 조직 확대 등을 중점적으로 논의하였으나 대전 집회에서 제기된 사원의 경제적 문제는 다루어지지 않았다.

부산대회 결과에 중부 지역 대표자들의 불만이 폭발하였다. 귀로에 천안에서 별도 모임을 가진 그들은 형평사 혁신의 필요성에 공감하였다. 특히, 사원들이 겪는 경제적 곤란에 대한 대책이 시급하다고 인식하였다. 그런데 진주 본사 지도부가 이 문제에 제대로 대응하지 못하므로 형평사 차원의 대책이 필요하다는 데 의견을 모았다.

1924년 3월 12일 충남지사장 오성환의 발기로 형평사 혁신회가 천안에서 창립대회를 열고 정식 출범하였다. 그들은 2주일 이내 본사 서울 이전, 형평 잡지 발간, 경제 문제 타개를 위한 피혁공장 설립 등을 결의하였다.

혁신회 창립에 진주 본사 지지자들이 크게 반발하였다. 그들은 본사의 대전 이북 이전을 절대 반대한다고 결의하며 혁신회 측과 갈등을 빚었다. 이후 두 세력이 팽팽하게 대립하면서 형평사는 본사의 서울 이전을 주장하는 '서울파'와 진주 본사를 유지하려는 '진주파'로 분열되었다. 혁신을 주장하는 서울파는 혁신파로, 현상을 유지하려는 진주파는 온건파로 불렸다. 또 중부권 사원들의 지지를 받는 서울파는 북파로, 경상도 사원들이 지지하는 진주파는 남파라고 하였다.

경상도 지역과 중부 지역의 분열은 사원들의 경제적 상황과 무관하지 않았다. 초기 형평운동을 이끈 경상도 사원들은 고기 판매나 가죽 거래 사업에 종사하는 재력가들이 많았다. 그들은 차별 철폐와 교육 및 교양 함양에 관심이 많았다. 일반 사원들이 겪는 경제적 곤란 문제는 상대적으로 관심이 적었다. 반면에, 중부 지역 사원들의 배경은 다양하였다. 재력있는 사원들도 있지만, 도축장 일꾼, 소규모 정육점 주인, 농민, 자영업자 등 다양한 직업에 종사하였다. 그들은 차별 철폐나 교육의 중요성을 인식하면서도 전통 산업의 경제적 권익 옹호가 시급한 과제라고 보았다. 이처럼 파벌 대립에는 단순한 본사 위치 문제만이 아니라 사원들이 처한 상황에 대한 인식 차이가 깔려 있었다.

창립 초기의 본사 임원들이 진주파를 이끌었다. 그들은 진주 본사를 그대로 두기 바랐다. 그러나 장지필만이 혁신이 필요하다고 주장하며 서울파의 핵심 지도자로 활약하였다. 곧, 형평사 창립과 형평운동의 발전을 주도한 진주 본사 활동가들이 분열한 것이다. 파벌 대립이 심해지면서 강상호와 장지필은 두 파벌을 이끄는 지도자로 각인되었다. 그 둘의 갈등과 대립은 형평운동 전 기간에 걸쳐 반복되어 나타나면서 형평운동의 발전을 가로막았다.

1924년 4월 15일 형평사 혁신동맹은 서울 도렴동에 사옥을 마련하고 정식으로 간판을 내걸었다. 본사 이전을 기정사실화한 것이다. 그리하여 형평사는 창립된 지 1년도 안 되어 진주와 서울, 두 군데의 본부로 분열되었다.

4월 25일 형평사 창립 1주년 행사가 서울과 진주에서 따로 열렸다. 4~5백 명의 중부 지역 사원이 참석한 가운데 서울파의 혁신동맹이 주최한 기념식이 서울 경운동 천도교당에서 열렸다. 그것은 마치 혁신회의 출범을 알리며 서울 총본부 시대를 선포하는 집회 같았다.

같은 날 진주 본사가 주최한 기념식이 진주좌에서 열렸다. 주최 측은 충남북, 경남북, 전남북 등지의 34개 지분사에서 223명이 참석하였다고 발표하였지만, 대부분 경상도 지역에서 온 사원들이었다. 그들은 서울의 형평사 혁신동맹총본부에 대응하여 단체 이름을 형평사연맹본부로 바꾸었다. 마치 서울 총본부에 대립하며 독자적으로 활동한다고 천명하는 것 같았다.

진주 본사에서 서울 총본부로

형평사는 창립 첫해에 평등 의식을 일깨우며 차별 사건에 적극적으로 대항하고, 교육 및 교양을 권장하는 등 사원들의 권익을 위해 활동하였다. 그 결과 1923년 말에 80개의 조직을 가진 전국적인 단체로 발전하였다. 그런 상황에서 일어난 지도부의 분열과 파벌 대립은 형평운동 발전의 방해 요소임에 틀림없었다. 강원도와 경기도 일부 지역에서 분사가 생겼지만, 창립 첫해와 같은 발전은 기대하기 어려웠다.

두 파벌은 서로 분열의 책임을 전가하며 대립을 누그러뜨리지 않았다. 서울 총본부는 중부, 호남, 북부 지역을 중심으로 활동한 반면에, 진주 본사는 경상도 중심으로 활동을 펼쳐갔다. 형평운동 반대 활동이나 차별 사건이 일어난 지역에서 지원 요청을 해도 두 지도부가 지지

기반 지역에 따라 분열하여 대응하는 등 파벌 대립은 효과적인 활동을 방해하였다.

파벌 대립이 지속되자 형평사 안팎으로부터 지도부의 통합 요구가 더욱 거세졌다. 일반 사원들은 적을 앞에 놓고 지도부가 싸우는 것에 불만이 많았다. 1924년 6월에 일부 사원들이 형평사 통일 기성회를 결성하고 양 파벌 지도부에 통합을 촉구하였다. 또 일부는 40만 사원의 목적 달성을 방해하는 지도부의 권력 다툼을 비판하면서 지도부의 사직을 권고하였다.

사회운동가와 지식인들도 형평사 지도부의 분열을 우려하며 공개적으로 통합을 요구하였다. 『조선일보』, 『동아일보』 등 언론도 사설과 시평을 통하여 분열이 형평운동의 자멸을 초래할 것이라고 경고하며 지도부 통합을 촉구하였다. 1924년 4월에 결성된 조선노농총동맹과 조선청년총동맹은 형평운동 문제를 창립 대회 안건으로 상정하여 해결 방안을 모색하였다.

형평사 안팎의 통합 압력이 거세어지는 상황에서 양측 지도자들은 계속 대립할 수 없었다. 결국 두 파벌 대표자들은 중간 지점인 대전에서 전조선 형평 통일대회를 열어 파벌 대립을 끝내기로 합의하였다.

1924년 8월 15일 예정대로 전조선 형평사 통일대회가 대전에서 열렸다. 31개 지사 및 분사 대표자 51명을 포함하여 1백여 명이 참석한 가운데 형평운동 방향에 관한 주요 사항을 결의하였다. 본사 이름을 조선형평사 중앙총본부로 바꾸고, 총본부 위치를 서울에 두기로 하였다. 그리고 총본부 조직을 40명의 중앙집행위원회와 그 가운데 선임된 6명의 상무집행위원회로 재편하기로 하였다.

충남, 전북, 강원, 충북, 경기 등지의 활동가들을 대거 중앙집행위원으로 선임하여 중앙집행위원회를 구성하였다. 평북의 송택성(박천), 평남의 문길원(평양) 등 형평운동이 저조한 지역에서도 중앙집행위원을 선임하며 지역 안배를 도모하였다. 경남 지역 출신으로는 이학찬(진주), 이상윤(마산), 이옥천(김해) 세 명이 선출되었다.

총본부 업무를 관장하는 상무집행위원으로 백송계(서무부), 조귀용(재무부), 이이규(교육부), 오성환(조사부), 이지영(사교부), 이학찬(산업부)을 선임하였다. 이학찬을 제외하고 모두 서울파의 핵심 활동가들이었다. 형평사의 중요한 의사 결정과 운영을 맡은 중앙집행위원회와 상무집행위원회 구성에서 보듯이, 총본부의 주축 세력이 형평사 창립과 초기 형평운동을 이끈 경상도 활동가로부터 중부권 활동가로 바뀌었다. 곧, 형평운동의 진주 본사 시대가 막을 내리고 서울 총본부 시대가 시작된 것이다.

대전의 전조선 형평사 통일대회는 지도부의 파벌 대립을 끝내고 형평운동의 전열을 다시 가다듬는 계기가 되었다. 형평운동이 서울 총본부 중심으로 전개하면서 다른 사회운동과의 협력 활동이 더욱 활발해지고 사회적 연대가 강화되었다.

그러나 파벌의 앙금은 쉽게 사라지지 않았다. 특히, 형평운동의 주도권을 빼앗긴 경남 사원들은 서울 총본부의 방침을 비판하며 비협조적인 태도를 보였다. 그들은 대전 대회가 끝난 지 열흘도 안 되어 마산에서 별도 모임을 갖고 혁신동맹을 주도한 오성환과 장지필에 대한 불만을 노골적으로 드러냈다. 그러자 총본부가 적극적으로 노력하고 양측 지도자들이 협력하여 파벌 대립은 예전같이 악화되지 않았다. 그렇지만 초기의 파벌 대립의 앙금은 1920년대 후반, 1930년대 전반에 걸쳐 간헐적으로 되풀이되어 되살아나서 형평운동의 발전을 방해하였다.

4.
형평사의 발자취

1. 아등(우리들)은 경제적 조건을 필요로 한 인권 해방을 근본적 사명으로 함.
1. 아등은 아등 자신으로 단결하야 형평운동의 원만과 단일의 촉성을 기함.
1. 아등은 일반 사회단체와 공동 제휴하야 합리적 사회 건설을 기함.
1. 아등은 본 계급의 당면한 실제적 이익을 위하야 투쟁함.
1. 아등은 본 계급의 훈련과 교양을 기함.

- 1926년 임시전국대회에서 채택한 형평사 강령

발전하는 형평사

1924년 8월 대전의 통합대회 결의에 따라 진주와 서울의 본부는 서울의 총본부로 합쳐졌다. 그러면서 형평운동의 중심 무대가 진주에서 서울로 바뀌었다. 그 뒤 형평사는 1935년 4월 대동사로 이름을 바꿀 때까지 12년 동안 전국 조직으로 형평운동을 이끌었다. 일제 강점기에 가장 오랫동안 지속된 전국 규모의 사회운동 단체였다. 그런 만큼 형평사 활동은 그 시기의 역동적인 사회 변동을 반영하고 있었다. 또 형평운동은 백정이라는 특정 집단의 신분 차별을 철폐하며 인권 증진을 위해 활동한 우리나라 인권운동의 금자탑으로 평가된다. 그것은 엄격한 위계질서의 신분제를 타파하며 자유와 평등의 근대 사회로 넘어가는 역사적 이행 과정이었다.

이와 같이 형평운동은 식민지 지배 상황에서 신분 차별을 타파하며 자유와 평등, 인권 보장을 위하여 투쟁한 인권운동의 역사로서 그 시대의 역동적 과정을 반영할 뿐만 아니라 근대 사회로의 이행 의지를 보여준다. 이제, 일제 강점기의 역동적 사회운동이며 인권운동의 금자탑으로 평가되는 형평운동의 전체 과정을 간략히 살펴보고자 한다.

형평사는 창립하면서부터 전국적인 사회운동을 지향하여 1923년 말에 전국 조직이 80개에 이르렀다. 그렇지만 파벌 다툼이 벌어진 1924년에 정체 상태를 보이다가 대전 통합대회를 열고 총본부를 서울로 옮긴 뒤 다시 빠르게 발전하였다. 다음 표 1과 같이, 분사 수는 1926년에 130개, 1930년에는 165개까지 늘어났다. 그러다가 1930년대 초부터 줄어들기 시작하여 대동사로 바뀌는 1935년에는 98개가 되었다.

연도	지분사 수	연도	지분사 수
1923	80	1930	165
1924	83	1931	166
1925	99	1932	161
1926	130	1933	146
1927	150	1934	113
1928	153	1935	98
1929	162		

표 1. 연도별 형평사 지분사 수

형평사의 조직 상황을 살펴보면, 경기도, 강원도 이남 거의 전 지역에 분사가 결성되었다. 지역 조직의 확대는 형평사 지도부가 끊임없이 출장 다니면서 형평운동의 취지를 알리며 조직 결성을 지원한 결실이었다. 그러나 함경도, 평안도, 황해도 북부 지역은 평안도 평양과 진남포, 함경남도 홍원, 신포, 원산, 영흥 등을 제외하고 분사가 결성되지 않았다. 이러한 지역 간의 차이는 북부 지역보다 남부 지역에 신분 차별이 심한 것과 관련된다고 짐작된다.

형평운동이 활성화되면서 1929년까지 분사 수가 늘어나다가 2~3년 동안 정체되었고, 1930년대 전반기에 급격히 줄어들었다. 1930년대 전반기의 형평운동 퇴조에 관해서는 나중에 다시 살펴보고자 한다.

형평사의 조직 확대와 감소는 형평운동 참여자 수의 증가와 퇴보를 반영하고 있다. 형평사 측은 통상적으로 40만 사원이라고 주장하였다. 이것은 전국의 백정 인구를 추정한 수치였다. 그러나 사회단체 활동을 밀착하여 감시한 일제 경찰이 기록한 사원 수는 그보다 훨씬 적다. 형평운동이 가장 활발하게 활동한 시기인 1928년의 경찰 기록에 사원 수는 9,688명이었다. 이것으로 미루어보아 형평사의 등록 사원

1928년 4월 24일 서울 천도교당에서 열린 형평사 제6회 정기전국대회 장면. (『조선일보』 1928년 4월 25일.)

수는 수천 명에서 만 명 정도 되었을 것으로 짐작된다.

그렇지만 경찰이 파악한 회원 수가 만 명에 이르렀다는 것은 형평운동 참여자가 그만큼 많았고 활발하게 활동하였다는 것을 보여준다. 당시에 형평사처럼 전국 조직 아래 많은 회원이 참여하며 지속적으로 활동한 단체는 거의 찾아볼 수 없다.

형평운동의 발전과 퇴조 상황은 정기전국대회 모습에도 반영되었다. 정기전국대회는 파벌 대립으로 진주와 서울에서 따로 열린 1924년 제2회 대회를 제외하고, 해마다 4월 24일과 25일 창립 기념일 즈음에 서울에서 열렸다. 1925년 제3회 대회부터 대개 서울 천도교 교당에서 열린 전국대회에서 각 지역 대표자들은 형평운동 전반에 대한 정보를 교환하고 미리 상정된 안건을 논의하였다. 안건은 주로 형평사의 당면 과제와 대외 협력에 관한 사항이었다. 특히, 차별 사건 대응과 사원 권익 증진에 관한 사항을 다루며 다양한 해결 방안을 모색하였다. 최종 결의된 내용은 향후 형평운동의 지침이 되었다.

그리고 정기대회 전후에 창립 기념식을 열어 창립 정신을 되새기며 형평운동 과정에 희생된 사원들을 추모하였다. 이 행사는 또한 대내외적 협력과 연대를 강화하며 형평운동의 발전을 도모하는 기회가 되었다. 형평사 지사와 분사뿐만 아니라 전국의 사회단체, 일본의 수평사와 사회단체에서 보내온 축전이 낭독되었고, 참석한 외부 인사의 축사가 있었다.

전국대회와 창립 기념식은 언제나 일제 경찰의 감시 아래 진행되었다. 임석 경관의 간섭으로 안건 논의가 파행을 겪기도 하였고, 축전 낭독이나 축사가 금지되기도 하였다. 이러한 회의 진행 과정을 소상하게 기록한 경찰 보고서는 아이러니하게도 오늘날 형평운동을 연구하는 데 유용한 자료로 활용되고 있다.

형평사는 정기전국대회를 활용하여 총본부 중심으로 단결할 것을 호소하였다. 지금까지 발견된 1928년, 1929년, 1930년의 정기전국대회 포스터는 이 점을 잘 보여주고 있다. 1928년 제6회 대회 포스터는 형평(衡平) 깃발 아래 "천차만별의 천시를 철폐하자", "전선(全鮮)에 산재한 형평 계급아 단결하자"라고 썼다. 그리고 1929년 제7회 대회 포스터 도안은 "모히라! 자유 평등의 기치 하에로"라고 쓰인 형평사 깃발을 흔들고 있다. 1930년 제8회 대회 포스터는 저울을 치켜든 사람의 팔뚝에 "모히여라 형평사 총본부 기치 하에로!"라고 썼다.

정기전국대회와 마찬가지로 각 지역 지사와 분사 회의에서도 형평운동의 활동 모습을 엿볼 수 있다. 언론은 지역 소식란을 통해 형평사 분사 활동을 비교적 상세하게 보도하여 지역에서 활발하게 전개되는 형평운동 소식이 널리 알려지는데 이바지하였다.

그리고 1920년대 중반에 생긴 여러 성격의 하위 단체도 형평운동이 활발하게 전개되고 있는 것을 잘 보여주었다. 최초로 결성된 하위 단체는 형평청년회였다. 1924년 3월 말 형평사 창립지 진주의 젊은 사원

1929년 제7회 정기전국대회 포스터.
"모히라! 자유 평등의 기치 하에로"라고 쓴 깃발을 흔들고 있다.

1930년 제8회 정기전국대회 포스터.
"모히여라! 형평사 총본부 기치 하에로" "인생권과 생활권을 획득하자!!"고 쓰고 있다.

들이 처음으로 형평청년회를 결성하였다. 그들은 지도부의 파벌 대립에 반대 입장을 밝히며 형평운동 발전을 위해서 형평사 내 청년 단체가 필요하다고 주장하였다. 진주에 이어 전국 여러 지역에서 젊은 사원들이 독자적으로 결성한 형평청년회가 생겨났다.

당시 청년 활동가들은 전국과 지역의 사회운동을 이끄는 핵심 세력이었다. 그들은 진보적인 사상을 받아들이며 사회 개혁 활동에 적극적으로 참여했다. 비슷한 나이의 청년 집단은 제각기 다른 사회운동 단체에 소속해 있더라도 서로 동지로 인식하며 연대 활동을 추진하여 사회운동 발전에 이바지하였다. 그들의 연대 의식은 자신의 지역에 한정되지 않고 다른 지역, 더 나아가 전국까지 확장되어 사회운동권에 활력을 가져왔다. 이런 양상이 형평사의 젊은 사원들에게도 나타났다.

청년 사원들이 활발하게 활동하면서 형평청년회는 지역 형평운동의 활성화를 이끄는 중추 기관이 되었다. 그들은 야학을 열고 대중 강좌 같은 계몽 활동을 벌였다. 곳에 따라서는 모 단체인 형평분사보다 더 활동적이었다. 그러면서 형평사 내에서 젊은 사원들의 영향력이 커져갔다. 분사 활동이 부진한 곳에서 형평청년회가 형평운동을 주도하면서 나이 많은 분사 지도자들과 대립하는 경우도 나타났다.

지역의 형평청년회가 협력하여 권역의 형평청년연맹을 결성하기도 하였다. 예컨대, 1925년 가을 전북 이리에서 전북 형평청년연맹이 결성되고, 11월에 강원도 삼척에서 영동지방의 형평청년연맹 발기모임이 열리고, 1928년 3월에 형평청년 경남도연맹 발기회가 열렸다. 그리고 1925년 12월에 전국 조직인 형평청년연맹이 결성되었다.

열성적인 젊은 사원들은 바깥의 사회주의 운동가들과 밀접하게 교류하며 다른 사회운동과의 협력을 확대해 갔다. 그러면서 형평청년회는 진보 사상의 유입 통로가 되었다. 그리고 젊은 사원들이 지도부에 참여하면서 형평운동의 활동 방향에 진보적 성향이 강화되었다.

1920년대 후반기에 형평사 총본부는 노장층과 소장층 활동가들이 협력하며 이끌어갔다. 그 과정에 소장층 활동가들이 초창기부터 형평운동을 이끌어온 온건한 노장층 지도자들과 활동 방향을 둘러싸고 의견 차이를 보이며 갈등을 빚었다. 그러한 세대간 갈등은 특히 1930년대 초 해소론을 둘러싸고 첨예하게 나타났다. 그리고 1933년 일제가 조작한 형평청년전위동맹 사건으로 진보적 젊은 활동가들이 활동할 수 없게 되면서 형평운동의 퇴조에 커다란 영향을 미쳤다. 이에 관해서는 나중에 다시 살펴보고자 한다.

1920년대 중반에 형평청년회 이외에도 여러 하위 단체가 생겼다. 1925년 1월에 형평사 전위 단체를 자임하는 정위단이 결성되었고, 6월에 중등학교 재학 중인 사원 자녀들이 서울에서 형평학우회를 만들었고, 1926년에 일부 분사에 형평여성회가 생겼다.

정위단은 진보적인 젊은 활동가들이 주도하여 결성하였다. 이 단체는 지도부의 파벌 대립을 비판하며 사원의 권익 보호를 위하여 맨 앞에서 투쟁할 것을 천명하였으나 지역 조직으로 확장되지 않았고 활동 기간도 길지 않았다. 그렇지만 1920년대 후반 총본부와 일부 분사에 정위부가 설치된 것으로 보아 정위단의 설립 취지는 널리 공감을 얻었다고 판단된다.

형평학우회는 교육을 권장하며 학교 취학 활동을 벌여온 총본부의 적극적인 지원을 받아 결성되었다. 일부 분사는 형평학우회 지부를 만들어 응원하였다. 학우회는 학생 신분으로 방학 동안에만 활동하는 한계로 오랫동안 유지되지 않았다. 그렇지만 학우회에서 활동한 핵심 활동가들은 형평운동에 활발하게 참여하였고, 나중에 중앙총본부 임원으로 선임되기도 하였다.

1926년 5월 충남 강경에서 형평여성동우회가 처음 결성되었다. 이어서 전북 익산, 전주, 군산, 삼례, 금구, 충북 진천 등 여러 지역에서 형평여성회가 만들어졌다. 야학 설립, 공개 강좌 개최 등 여성 사원의 권익을 위해서 활동한 형평여성회는 권역이나 전국 조직 결성으로 발전하지 않았지만, 총본부 차원의 여성 권익 활동을 강화하고 전국대회에 여성대의원이 참석하는 등 여성 사원이 활발하게 활동하는 계기를 제공하였다.

여러 성격의 하위 단체가 활동하였다는 것은 그만큼 형평운동이 활발하였음을 보여준다. 형평청년회를 제외하고 대개의 하위 단체가 전국 조직으로 확대되거나 오랫동안 지속되지 않았다. 그렇지만 하위 단체는 다양한 사원들이 주체적으로 활동하는 공간을 제공하였으며, 특히 후속 세대의 지도자 집단을 육성하는데 크게 기여하였다. 하위 단체의 젊은 활동가들이 총본부 임원을 맡으면서 지도 집단 구성이 더욱 다양해졌고, 그들의 진보적 성향은 활동 방향에 영향을 미치며 형평운동이 더욱 역동적으로 전개되는데 작용하였다. 또한 그들은 다른 사회운동과의 협력과 연대를 강화하며 형평운동의 대외적 관계를 넓히는 데 이바지하였다.

인권 지평을 넓히는 형평운동

발기총회에서 채택한 주지를 통해 형평사는 계급[신분]을 타파하고 모욕적 칭호를 폐지하며 교육을 장려하여 '참사람'이 되려고 한다는 목표를 뚜렷이 밝혔다. 형평사를 본받아 창립한 전북 이리의 동인회는 골수에 맺힌 차별의 설움을 씻어 자녀들은 "오는 세상의 주인공"이 되기 바란다고 하였다. 그리고 전북 김제의 서광회는 백정이라고 당한 인권 유린의 역사를 기억하며 자신들을 억압해온 제도와 관습을 깨뜨리고 "권리 회복과 자유 해방"을 이루어 참되고 착하고 아름답게 생활하려고 한다고 천명하였다.

이와 같이 신분 차별을 없애고 참사람으로 살기 바란다는 형평사의 목표는 형평사원의 권익 증진을 위한 활동 지침이었다. 조직이 확장되고 사원 참여가 활발해지면서 형평운동이 대내외적으로 사회운동권의 주요 일원으로 인식되는 가운데 형평사는 신분 차별 철폐와 평등사회 건설이라는 창립 목표를 반복하여 천명하며 인권운동 성격을 더욱 분명하게 보여주었다. 따라서 형평운동은 모든 사람이 똑같이 기본 권리와 존엄을 누리는 사회를 만들고자 하는 인권운동이라는 인식이 확립되었다.

인권운동을 벌이며 형평사가 내건 목표는 사원들이 사람으로 가져야 할 인권을 빼앗겼기 때문에 인권을 되찾아야 하는 '인권 회복'이었다. 이 창립 목표는 4월 24일과 25일에 열리는 정기전국대회 안건이나 지사 및 분사 회의에서 반복하여 확인되었다. 이와 같이 사람의 기본 권리인 '인권'을 주장하고 실현하고자 한 형평운동은 1920년대 동아시아에서 식민지 지배를 받는 나라였지만, 선구적인 인권 인식을 갖고 있었다는 것을 보여준다.

더 나아가 형평사는 인권의 기본적 이해에 기초하여 인권 지평을 넓혀갔다. 대표적인 보기가 1926년 9월 임시대회에서 채택한 형평사 선언과 강령이다. 그 전문은 다음과 같다.

*** 형평사 선언**

1. 인생은 천부불가침의 자유가 있다. 인격과 자유를 억압된 자에게 어찌 생의 의의가 있으랴!
1. 수천 년의 역사를 겪은 노예인 아등(我等)은 상실한 인권을 다시 찾자!
1. 궐기하라! 형평 계급이여! 모여라! 이 형평 기치 아래로!

*** 형평사 강령**

1. 아등은 경제적 조건을 필요로 한 인권 해방을 근본적 사명으로 함.
2. 오등(吾等)은 아등 자신으로 단결하야 형평운동의 원만과 단일의 촉성을 기함.
3. 아등은 일반 사회단체와 공동 제휴하야 합리적 사회 건설을 기함.
4. 아등은 본 계급의 당면한 실제적 이익을 위하야 투쟁함.
5. 아등은 본 계급의 훈련과 교양을 기함.

형평사 선언에서 보듯이 형평사는 사람이 하늘로부터 받은 불가침의 자유를 갖고 있다고 주장하였다. 그리고 인격과 자유를 잃고 억압받는 사람은 어찌 삶의 의미를 갖겠느냐고 반문하면서 잃어버린 인권을 되찾자고 외쳤다.

인권 회복을 천명한 형평사는 행동 지침인 강령을 통하여 실천 방안을 제시하였다. 강령의 핵심은 경제적 조건에 기반한 인권 해방이 형평사의 근본 사명이라는 것이다. 이와 같이 인권 해방과 경제적 조건의 밀접한 관계를 제시하면서 단결하여 형평운동을 벌여나갈 것을 촉구하였다. 그리고 다른 사회 단체와 협력하여 합리적 사회를 건설하자고 하였다. 또한 인권을 이해하고 실행하는 방안으로 사원 권익 보호를 위한 투쟁과 사원의 훈련 및 교육을 강조하였다. 이러한 인권 인식 아래 형평사는 특히 경제적 조건에 기반한 인권 해방, 그리고 사회적 연대를 통한 합리적 사회 건설을 주장하며 인권 영역을 확장해갔다.

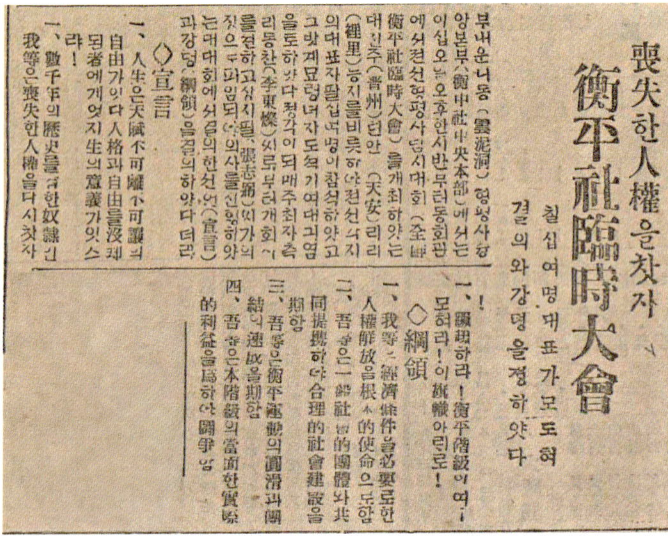

喪失한人權을찻자
衡平社臨時大會
칠십여명대표가모도혀
결의와강령을정하얏다

부내운니동(雲泥洞)형평사중앙본부(衡平社中央本部)에서는이십오일오후한시반부터동회관에서전선형평사임시대회(全鮮衡平社臨時大會)를개최하얏는대진주(晋州)텬안(天安)리리(裡里)등지를비롯하야전선각지의대표자팔십여명이참석하얏고그밧게묘령녀자도석기여대긔염을토하얏다정각이되매주최자측리동찬(李東燦)씨로부터개회사를진하고장지필(張志弼)씨가의장으로피임되야의사를진행하얏는데대회에서결의한선언(宣言)과강령(綱領)을결의하얏다더라

◇宣言

一、人生은天賦不可離不可讓의自由가잇다人格과自由를沒却된者에게엇지生의意義가잇스랴!

一、數千年의歷史를가진奴隷인我等은喪失한人權을다시찻자!

一、團結하라!衡平階級이여!모혀라!이旗幟아리로!

◇綱領

一、我等은經濟條件을必要로한人權解放을根本的使命으로함

二、吾等은一般社會團體와共同提携하야合理的社會建設을期함

三、吾等은衡平運動의圓滑과團結의迅速을期함

四、吾等은本階級의當面한實際的利益을爲하야鬪爭함

형평사 선언과 강령 채택을 알리는 언론 보도(『매일신보』 1926년 9월 28일). 천부불가침의 자유를 주장하며 인권을 되찾자고 선언하며 사회단체와의 공동 제휴하여 합리적 사회를 건설할 것을 표명하였다.

형평사의 인권 인식 확장은 1928년 즈음부터 강조한 인생권과 생활권으로 나타났다. 인생권은 사람이 살아가는데 필요한 기본 권리로서 생명, 자유, 평등, 차별 철폐 같은 것이다. 곧, 오늘날의 생명권, 자유권, 평등권에 해당된다. 그리고 생활권은 의식주, 직업 같이 생활하는데 필요한 권리로서 오늘날의 경제적, 사회적, 문화적 권리 같은 것이다.

창립 초기에 인권 회복을 주창하며 사람의 기본 권리 개념을 강조한 형평사는 그 영역을 확장하여 사람이 살아가는데 필요한 구체적인 내용을 담은 인생권과 생활권을 제시한 것이다. 이와 같은 인생권과 생활권은 1928년부터 1930년까지 전국대회 안건과 포스터에서 반복하여 강조되었다.

백정 해방과 인간 평등을 목표로 내걸며 인권 회복을 주장한 형평사가 사람이 살아가는데 필요한 구체적인 인권 영역으로 인생권과 생활권을 제시한 것은 선구적인 인권 인식이라고 평가된다. 더 나아가 형

형평운동 기념탑 측면 부조.
인간 존엄과 인간 사랑의 형평운동 정신을 새기고 있다.

형평운동 기념탑 측면 부조.
자유와 평등의 형평 정신을 강조하고 있다.

평사는 인식에 멈추지 않고 차별 관습을 타파하며 인권을 실행하는 실천 운동을 지향하였다. 그런 탓으로 고루한 인식에 갇혀 차별 관행을 유지하려는 사람들과 끊임없이 충돌하였다. 그러므로 형평운동 반대 세력과의 충돌 사건은 역설적으로 형평운동의 과정이자 성과의 성격을 갖게 된다. 곧, 형평운동 반대 세력과의 충돌 건수는 그러한 성과를 반영하는 지표였다. 그렇듯이 경찰에 보고된 충돌 건수는 그림 1에서 보는 바와 같이 형평운동이 전개되며 달라졌다.

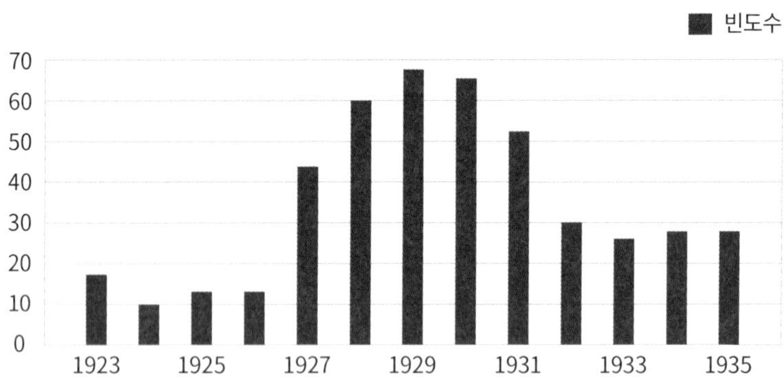

그림 1. 연도별 형평운동 반대 충돌 건수

형평사 창립 초기 몇 년 동안 충돌 건수는 10여 건에 지나지 않았다. 그러다가 1927년부터 급증하여 1929년에 68건, 1930년에 67건이 보고되었다. 그리고 1930년대 초반부터 줄어들기 시작하여 1930년대 중반에는 20여 건에 지나지 않았다.

이와 같은 충돌 사건의 변화 추세는 두 가지로 해석된다. 하나는 충돌 건수 보고가 형평운동의 발전과 퇴조에 따라 변동하였다는 것이다. 창립 초기에 충돌 사건이 제대로 보고되지 않아 수치가 낮았다. 그러나 형평운동이 활발해지면서 상부 기관에 충실히 보고되어 충돌 건수가 늘어났다. 그러다가 1930년대에 형평운동이 퇴조하면서 제대로 보고되지 않아 충돌 건수가 줄어들었다고 본 것이다.

다른 하나는 형평사원들이 차별에 적극적으로 대항하면서 충돌 사건이 점점 늘어났다는 것이다. 차별 관습을 숙명으로 받아들여 감내하던 사원들이 형평운동을 통해서 차별의 부당함을 깨닫고 적극적으로 저항하면서 충돌이 늘어난 것이다. 그리고 형평운동이 확산되면서 차별이 줄어들고, 따라서 충돌 사건이 줄어들었다는 것이다.

이 두 가지 해석의 공통점은 형평사원들이 차별이나 부당한 처사에 적극적으로 저항하였다는 것이다. 예전에는 일상생활에서 개인적으로 겪는 반말, 모욕, 무시, 업신여김, 차별 등이나 학교 입학, 묏자리 같은 제도적, 사회적 차별을 참고 견디었는데, 형평운동을 통하여 부당함을 깨닫게 되면서 더 이상 순종하지 않고 대항하였다는 것이다.

이러한 변화는 형평운동의 결실이었다. 총본부, 지사, 분사는 사원들에게 불합리하고 부당한 처사에 대하여 투쟁할 것을 끊임없이 교육하는 한편, 충돌 사건이 일어났을 때 형평사 차원에서 조직적이며 적극적으로 대항하였다. 곧, 충돌 사건이 일어나면 지역 분사는 총본부에 알리는 한편, 동료 사원들과 협력하여 적극적으로 대항하였다. 일부 분사는 자체적으로 차별과 굴욕에 저항하지 않은 사원을 처벌한다는 규정을 두기도 하였다.

형평사 차원의 조직적 대항과 함께, 사원들도 예전과 달리 행동하였다. 사소한 사례라고 하더라도 차별이나 부당한 처사에 적극적으로 대항해야 한다고 자각하기 시작하였다. 예컨대, '백정놈' 같은 모멸적 호칭에 격렬하게 반발하여 가해자와 충돌을 빚었다. 사원들의 의식이 바뀌고 적극적으로 대항하면서 개인적 다툼이나 갈등이 종종 주민과 사원의 집단 충돌로 확대되었고, 때로는 규모가 커지면서 전국적인 쟁점이 되었다.

언론은 형평운동을 둘러싼 충돌 사건을 상세하게 보도하였다. 그러면서 지역 충돌이 전국인 쟁점으로 확대되며 신분 차별 문제에 대한 사회적 관심이 커졌다. 1924년의 충남 입장 사건, 1925년의 경북 예천 사건과 같이, 충돌 규모나 폭력 정도가 심각하여 전국의 형평사와 사회운동 단체들이 집단으로 분기하여 피해입은 형평사원을 지원하는 사례도 생겼다.

요컨대, 사회 저변에 뿌리깊이 박힌 신분에 대한 편견이나 차별로 일어난 충돌 사건에 형평사가 적극적이며 단호하게 대응하여 사회적 쟁점으로 발전하였던 것이다. 그러면서 차별 문제는 더 이상 개인적인 문제가 아니라 전체 사회의 문제라는 인식이 확산되었고, 그것은 신분 차별에 대한 사회 전반의 인식 변화에 이바지하였다.

한편, 형평사는 신분 차별에 대항하는 인권 회복에 멈추지 않고 사회 전반의 인권 증진에 관심을 갖고 활동하였다. 예컨대, 조선 사회의 유습 가운데 하나인 조혼 폐지를 결의하였고, 소년운동과 연대하여 어린이 권리 증진 활동을 폈다. 또 대내적으로 어린이와 여성 사원에 대한 인권 증진 활동을 강화하였다. 예컨대, 미취학 어린이의 교육을 위하여 야학과 강습소를 설치하였고, 조선 사회에서 남성에게 억눌리며 겪는 성차별과 백정으로 겪는 신분 차별의 이중적 피해자인 여성 사원을 위해서 다양한 활동을 벌였다.

특히, 여성 사원을 위한 형평사 활동은 괄목할만한 성과를 냈다. 앞서 살펴본 바와 같이, 형평여성회를 결성하는 지역이 늘어났고, 여성 사원을 위한 형평야학이 개설되었고. 교양 강좌가 자주 개최되었다. 그리고 행상을 하며 경제 활동을 분담하는 여성 사원들의 권리 보호에 힘썼다. 고기를 머리에 이고 마을을 돌아다니며 행상하는 여성 사원들이 말투가 공손하지 못하다거나 고기 무게를 후하게 주지 않는다면서 욕설을 듣거나 두들겨 맞는 사례가 많았다. 그렇게 비백정 주민들로부터 언어 폭력, 신체적 폭력을 겪는 여성 사원의 인권 침해에 대하여 총본부와 지부는 전국대회와 지역 집회의 안건으로 논의하며 피해 여성사원을 조직적으로 도왔다. 이러한 활동을 통해 여성 권익에 대한 인식이 확산되며 여성 대의원의 전국대회 참석 등으로 결실을 맺었다. 이와 같은 형평사의 여성 권익 활동은 전통 사회 관습에서 보기 힘든 것이었다.

요컨대, 형평사가 차별 철폐를 주장하며 인권 증진을 실행하여 고루한 집단과의 충돌이 늘어났다. 그와 함께 형평사는 전통 사회에서 겪는 사회적 약자의 인권 문제 등 사회 전반의 인권 증진을 위해서 활동하였다. 이와 같이 형평운동은 모든 사람이 차별 없이 똑같이 대우받아야 한다고 주창하며 인권 의식을 일깨우고 인권 증진을 도모한 우리나라의 선구적인 인권운동으로 평가된다.

공동체운동으로서 형평운동

형평운동의 또 하나의 특징은 공동체운동이었다. 창립 초기부터 형평사의 핵심 목표는 사원의 권익 보호와 백정 공동체의 발전이었다. 곧, 형평운동의 직접적인 수혜자는 백정이었다. 그렇기 때문에 그들은 형평운동에 더욱 적극적으로 참여하고 성원하였다. 그들의 참여와 지지는 형평운동이 성공할 수 있는 주요 동력이었다. 그러면서 형평사는 그 반대급부로 공동체운동의 성격을 더욱 강화하였다.

형평사가 백정 공동체의 발전을 강조하게 된 배경에는 백정 사회의 변화가 있었다. 백정은 오랜 기간 외떨어져 살아온 지역 연고, 집단

내 결혼으로 형성된 밀접한 혈연관계, 대대로 특정 산업에 종사한 직업 등으로 공동체를 형성하며 강한 동료의식을 공유하고 있었다. 그런데 19세기 말부터 사회적, 경제적으로 커다란 변화를 겪으며 백정 공동체가 달라지기 시작하였다. 예컨대, 계층 분화가 심해지고 차별 관습이 느슨해지면서 일부 부유한 백정은 비백정 마을로 이사하여 살았다. 다른 한편, 대대로 이어온 직업 환경의 커다란 변화로 백정 공동체에 위기감이 확산되었다. 앞서 언급한 바와 같이, 백정의 전통 산업에 대한 정부 간섭이 심해지고 일제 식민 지배 아래 일본 자본이 들어오면서 경쟁이 치열해지고 그동안 누리던 기득권을 위협받게 되었다. 그런 변화를 겪으며 일부 재력가가 생겼지만, 대부분은 경제적 곤란을 겪었다.

이와 같이 수백 년 지속되어온 백정 공동체가 위협받는 상황에서 공동체 의식이 강한 백정들은 대동단결하여 공동체 위협에 공동 대처하고자 하였다. 그들의 강한 공동체 의식은 자연스럽게 공동체 전체의 권익 보호를 위해 활동하는 형평운동의 기반이 되었다.

형평사는 창립하면서부터 백정 전체의 권익을 위한 활동을 계획하였다. 그 가운데 하나가 교육과 계몽 활동이었다. 그러한 활동은 빈부 격차나 생활 방식의 차이에 관계 없이 백정들로부터 환영을 받았다. 형평사 총본부는 학교 개학 시기에 순회위원을 각 지역에 파견하여 적령기 사원 자녀의 학교 입학을 권유하며 교육을 독려하였다. 또 사원 자녀가 학교에서 따돌림이나 차별을 받아 중도 포기하는 것을 막기 위하여 노력했다. 그리고 사원 자녀 교육 지원 기금을 조성하고, 서울로 유학 온 사원 자녀를 위한 기숙 시설을 총본부 건물에 만들고, 학교에 재학 중인 사원 자녀들이 결성한 형평학우회 활동을 지원하였다. 이와 같은 형평사 활동으로 사원 자녀의 재학생 수가 빠르게 증가하였다.

아울러 형평사는 학교에 가지 못하는 사원을 위하여 야학이나 강습소를 개설하였다. 비록 정부 인가를 받지 않은 교육기관이었지만, 야학이나 강습소는 사원들의 열렬한 호응을 받았다. 총본부는 각 분사에 야학 설립을 적극적으로 권장하였다. 지역에 따라 야학 활동은 젊은 사원 단체인 형평청년회가 주도하였다. 그리고 남녀가 내외하는 풍습을 고려하여 여성 야학을 설치하는 곳도 있었다.

형평사의 야학은 공동체운동의 상징이었다. 교육받은 젊은 사원들이 무보수 교사로 봉사하였고, 지역 유지들의 찬조로 운영되었다. 사회 구성원으로 필요한 실용 교육을 강조하였다. 보기를 들어, 일상생활에 필요한 글쓰기와 읽기, 상식, 산수 등을 가르쳤다. 일부 분사는 야학 교육을 중요하게 인식하여 사원 자녀의 야학 출석을 사칙에 규정하였고, 출석이 부진한 사원에게 벌금을 부과하며 야학 참가를 권장하였다.

형평사는 교육과 함께, 백정 공동체 구성원 모두의 권익 보호와 사회 의식 고취를 위한 계몽 활동을 추진하였다. 신문과 잡지의 구독을 권장하고 다양한 교양 함양 활동을 폈다. 총본부와 지사는 순회강연단을 조직하여 지역의 계몽 활동을 지원하고, 지사와 분사는 공개강좌 등 자체 행사를 개최하였다. 중앙총본부는 교육과 계몽 활동 예산을 대폭 편성하고, 분사는 정기집회나 창립 기념식 같은 행사 순서에 강연을 넣었다.

그리고 총본부는 사원 교양을 위하여 잡지 출판을 계획하였다. 1924년 12월에 최초로 창간된 잡지 『형평』은 경찰의 압류로 배포되지 못하였고, 1926년 2월에 『세광』 발간을 준비했지만 출간하지 못하였다. 그러다가 마침내 1929년 4월에 기관지 『정진』을 창간하였다. 그런데 경제 불황과 형평운동의 퇴조로 재정적 어려움을 겪으면서 『정진』의 후속호를 내지 못하였다. 이렇게 일제 탄압과 재정 문제로 계획대로 진행되지 않

형평사 기관지 『정진』 창간호(1929년).
형평사는 사원 교양을 위하여 여러 차례 시도 끝에 기관지 발간에 성공하였다.

았지만, 사원 공동체의 결속과 교양 함양을 위해서 잡지 출판을 반복하여 추진하였던 것이다.

공동체 전체의 권익을 위하여 추진된 다양한 계몽 활동은 형평운동의 목적을 고취시키고 사회 지식을 습득하는데 유용하였다. 이와 함께 총본부는 공동체 구성원을 위하여 사원들의 경제적 어려움을 해결하고자 하였다. 앞서 언급한 바와 같이 일제 식민 정책을 비롯한 환경 변화에 따라 사원들이 겪는 경제적 어려움이 다양하게 생겨났다. 그러한 사원들의 경제적 곤란을 해결하는 것이 형평사의 시급한 과제였다.

형평사는 사원 전체의 권익을 위해 활동한다는 기본 방침 아래 직업이나 업종에 따라 다른 사원들의 경제적 어려움을 돕는 맞춤형 대응 전략을 구사하였다. 예컨대, 도축장과 가죽 건조장의 운영과 소유권이 지방 관청이나 일본인 거류민 단체로 넘어가면서 정육점은 고기 배급과 가격을 통제받게 되었고, 피혁상은 피혁 거래에서 경쟁력을 잃게 되었다. 이런 상황을 타개하기 위해서 형평사는 도축장과 건피장 운영권을 예전처럼 되찾고자 하였고, 가죽 제품의 공동 생산 및 판매 체계를 도입하고자 하였다. 그리고 수육판매 조합을 결성하여 집단적 대응을 모색하였다. 또 도축장 일꾼을 위해서 임금 인상, 작업 환경 개선, 차별 대우 철폐를 요구하였고, 공산품 가구의 대량 생산으로 고리 가구를 만들어 파는 사원들이 판로를 잃게 된 상황에 대처하기 위해서 조합 결성을 추진하였다.

이와 같이 산업에 따라 사원들의 경제적 상황이나 이해 관계가 달랐다는 점을 감안하여 형평사는 산업별 조합 결성, 생산과 판매 혁신, 당국에 문제 해결 진정 등 다양한 대응 전략을 구사하였다. 그러한 활동은 기본적으로 공동체 회복과 구성원의 권익 보호를 위한 것이었다. 이와 같이 경제적 어려움을 해결하기 위한 형평사 활동은 공동체운동의 성격을 갖고 있었다.

그러나 다양한 직업과 계층에 따라 이해 관계가 달랐기 때문에 이와 같은 활동에 관하여 사원들 사이에 의견 대립이 나타났다. 특히, 진보적 이념이 유입되면서 사원들 사이의 대립과 갈등이 더욱 두드러지게 나타났다. 이러한 변화는 1930년대 초부터 안팎 환경의 여러 요인과 뒤얽혀서 형평운동의 퇴조에 크게 영향을 미쳤다. 이에 관해서는 나중에 살펴보고자 한다.

한편, 사원 교육과 계몽, 경제적 권익 보호 활동 등에서 형평사가 강조한 공동체운동의 성격은 전체 사회의 문제에도 반영되었다. 특히, 형평사가 강조한 사회적 연대 활동을 통해 두드러지게 나타났다. 예컨대, 형평사는 일제 탄압에 대항하여 언론 자유를 지지하는 활동에 참여하였고, 수해 이재민의 구조와 복구 사업을 지원하였다.

이와 같이 형평사의 공동체운동은 제한된 백정 공동체에만 적용되는 것이 아니라 인류 공동체를 지향한 것이었다. 형평사가 주창한 인간 평등과 차별 철폐는 인류 공동체에 실현되어야 할 가치였다. 신분 배경에 관계 없이 모든 사람이 자유롭고 평등하게 인간 존엄을 누리며 공동 번영을 도모하는 사회는 형평운동이 추구한 공동체운동의 궁극적 목표였다.

비백정 활동가들이 형평사에 적극적으로 참여하면서 사회 전체를 위한 공동체운동 성격은 더욱 강화되었다. 우선, "조선인은 누구라도 입사할 수 있다"는 사칙에 따라 '열린 단체'를 지향한 형평사는 백정과 비백정의 협력을 통해 형평운동 발전을 도모하였다. 그리고 "우리는 일반 사회단체와 공동 제휴하야 합리적 사회 건설을 기한다"고 규정한 강령대로 형평사는 지역 사회나 사회 전체 차원에서 적극적인 협력과 연대를 모색하였다.

그러나 1920년대 말 세계공황이 일어나고 경제 불황이 심해지면서 형평사의 공동체운동은 빠르게 약화되었다. 사원들은 이해 관계에 따라 서로 대립하였고, 활동 방향을 둘러싸고 이념적 갈등을 겪었다. 형평사 총본부 활동가들은 "단결과 자조"를 강조하며 퇴행을 막고자 하였지만 성과가 없었다. 1935년 대동사로 개칭하면서 이익 집단의 성격이 더욱 뚜렷하게 나타나면서 사회 전체를 위한 형평사의 공동체운동 성격은 빠르게 사라졌다.

늘어나는 대외 협력

형평사는 창립 초기부터 다른 사회단체와 활발하게 협력하였다. 3.1운동 이후 폭빌적으로 발전한 사회운동권도 형평사와 협력하며 연대하고자 하였다. 사회운동권의 양대 산맥인 조선농민총동맹과 조선노동총동맹이 공식적으로 형평운동 지지를 결의하였고, 노동, 농민, 청년, 여성 등 각 부문 사회운동 단체도 형평운동와의 연대를 밝혔다. 지역의 사회단체들도 되풀이하여 형평운동 지지를 표명하며 협력 활동을 벌였다. 이렇게 협력과 연대가 활발해지면서 형평사원들은 정치적, 사회적 문제에 더욱 많은 관심을 가지며 활동의 폭을 넓혀갔다. 그러면서 외부 세력과의 연대 사례가 늘어났다. 그 가운데 하나가 1927년에 일어난 고려혁명당 사건이었다.

일제 식민지 지배 상황에서 민족 독립은 사회운동가들의 주요 관심사였다. 일부는 적극적으로 민족 해방에 관심을 갖고 독립운동 단체 결성에 참여하였다. 1926년 겨울 만주에서 정의부, 천도교, 형평사 활동가들이 비밀리에 결성한 고려혁명당도 그런 단체였다. 이 단체의 책임 비서는 비백정 출신으로 형평운동에 열성적으로 참여하던 이동구였다. 그는 강원도 횡성에서 출생한 천도교 교인이었다. 1919년 3.1운동을 주동하여 1년 간 복역한 뒤 형평운동에 참여하여 1924년과 1925년에 형평사 총본부 중앙집행위원을 맡기도 하였다.

1927년 초 고려혁명당 조직이 일제 경찰에 발각되어 관련자들이 체포되었다. 형평사에서는 이동구를 비롯하여 장지필, 조귀용, 오성환, 서광훈, 유공삼이 경찰에 구속되었다. 모두 형평사 총본부의 핵심 활동가들이었다.

장지필과 조귀용은 1928년 4월에 열린 1심 재판에서 무죄 선고를 받아 체포된 지 1년 4개월만에 석방되었다. 그리고 서광훈이 같은 해 10월에 열린 2심에서 무죄로 석방되었다. 그러나 재판정에서 고려혁명당에 참여하였다고 당당하게 밝힌 오성환과, 민족주의와 사회주의를 통하여 조선 독립을 실현하려고 하였다고 진술한 유공삼은 각각 3년과 2년 형을 언도받아 복역하였다. 핵심 주동자 이동구는 5년 형을 받아 복역하였고, 출옥 직후 1933년 10월에 감옥에서 얻은 병으로 사망하였다.

고려혁명당 사건을 통해 형평사 활동가들이 민족 해방에 관심이 많다는 것이 알려졌다. 그러한 민족주의 분위기는 민족 유일당 신간회와의 협력에서도 확인된다. 사회주의 계열과 민족주의 계열의 갈등과 대립을 극복하고 1927년에 만들어진 합법적 조직체 신간회는 범국민적인 지지를 받으며 사회 전반에 커다란 영향력을 발휘하였다. 형평사와 신간회는 전국대회와 각 지부 활동에서 서로 지지를 표명하며 협력하였다.

고려혁명당 참여와 신간회와의 협력에서 보듯이 형평사 활동가들

法廷에선 高麗革命黨員

審問을絕對拒絕

新義州法院에 開廷된 公判

傍聽客百餘殺到

正私服警戒嚴重

용수버스면서

눈물겨운默禮

公判審理前에

意見陳述을主張

被告鄭元欽

供述또拒絕

『年號』를모른다

證人으로

吳東振申請

證據로보히는拳銃

傍聽雜觀

고려혁명당 사건 재판을 상세하게 보도한 『조선일보』(1928년 3월 11일).

은 민족 해방의 시대적 소명을 인식하며 민족주의에 우호적인 입장을 갖고 있었다. 그들은 인간 평등과 권리 쟁취를 위한 신분 해방과 함께, 식민지 지배를 타파하기 위한 민족 해방에도 관심이 많았던 것이다.

또 형평사의 젊은 활동가들은 진보적인 사회운동 단체와 연대 활동을 활발하게 벌이면서 사회주의 이념을 받아들였다. 그들은 사회 개혁을 지향하는 진보적 이념이 평등 사회를 만들고자 하는 형평운동의 목적과 어울린다고 인식하였다. 더 나아가 일부는 신분 해방을 위한 형평운동이 계급 해방에 연계된 사회주의 운동으로 전환하여야 한다고 주장하였다. 그러나 노장층 지도자들은 형평운동의 고유한 성격을 강조하며 형평사의 존속을 주장하면서 젊은 활동가들과 갈등을 빚었다. 그 바탕에는 이념적 대결이 깔려 있었다. 그리고 그것은 활동 방향에 관한 해소론을 둘러싸고 세대 간 갈등으로 격화되었다. 이에 관해서는 다음 단원에서 다루고자 한다.

수평사와의 교류와 연대

형평사는 창립 이듬해부터 일본의 수평사와 협력을 모색하였다. 수평사는 부락민 해방을 목적으로 형평사보다 한 해 먼저 1922년 3월 3일 일본 교토에서 창립되었다. 일본 도쿠가와막부 시대에 부락민은 조선 시대의 백정처럼 최하층 신분 집단으로 갖가지 차별을 받았다. 한

일본의 수평사 총본부 깃발.
부락민 해방을 위한 수평사는 형평사보다 1년 먼저 1922년에 결성되었다.

국과 일본의 전통 사회에서 비슷한 일에 종사하며 가장 천대받던 백정과 부락민은 서로 동료의식을 공유하고 있었다.

형평사 창립 과정에 수평사가 직접 지원하거나 개입한 증거는 없지만, 두 단체는 형평운동 초기부터 교류를 추진하였다. 형평사는 1924년 2월 부산대회에서 수평사와의 교류를 논의하였고, 수평사는 1924년 4월에 열린 형평사 제2회 전국대회를 이용하여 연대 활동을 시작하였다. 형평사 지도부의 파벌 대립 탓으로 전국대회가 서울과 진주에서 따로 열렸는데, 서울 행사에 수평사 활동가가 참석하였고, 진주 행사에는 수평사 축전이 왔다. 이에 진주 본사는 수평사에 감사 답신을 보냈다.

형평사 총본부가 서울로 이전한 뒤 두 단체의 교류가 더욱 활발해졌다. 두 단체는 전국대회에 서로 축전을 주고 받았고, 대표자가 참석하여 축사를 하였다. 그리고 두 단체 활동가들이 수시로 상호 방문하며 교류와 협력을 이어갔다. 1926년 7월에 간토 지역 수평사 활동가 히라노 쇼켄이, 1927년 1월에는 시코쿠수평사 간부 다카마루 요시오가 서울의 형평사 총본부를 방문하여 두 단체의 협력을 협의하였다.

형평사도 1926년 말에 수평사와의 제휴를 추진하며 총본부 지도자 장지필과 김삼봉의 일본 방문 계획을 결의하였다. 그러나 장지필이 고려혁명당 사건으로 투옥되면서 그들의 일본 방문 계획은 무산되었다. 그 뒤 1927년 3월에 총본부 상무위원 이동환이 일본 교토, 오사카, 시코쿠 가가와 등지의 수평사를 방문하고, 12월에 김삼봉이 일본 히로시마에서 열린 수평사 전국대회에 참석하는 등 교류를 이어갔다. 그리고 1928년 4월 제6회 정기전국대회에서 수평사와의 제휴를 추진하기로 결의하였다. 이 집회에 참석한 수평사 대표자가 축사를 하였고, 여러 수평사 단체가 보낸 축전이 낭독되었다. 그리고 5월에 이동환이 형평사 공식 대표로 수평사 전국대회에 참석하였다. 이 즈음 수평사 잡지는 형평사 관련 내용을 보도하며 두 단체의 교류를 도왔다.

그런데 1930년대 초 일제가 만주 침략을 시작으로 전쟁을 확대하며

水平衡平提携 具體的決定

고환씨입경을기회삼아 張志弼氏도二月中渡東

일본수평사 상무집행위원 고환(日本水平社常務執行委員高丸)씨가 돌연히 경성에 나타나 조선형평사총동맹(朝鮮衡平社總聯盟)에 들어가 동련맹대표 장지필(張志弼)씨를 필두로 여러간부와 협의한 일이 잇다 함은 작지에 보도한바와 갓거니와 일본수평운동과 조선형평운동으로 말하면 그 성질이 동일한 [illegible] 에 여러

水平分立은 虛報에不過

◇入京한高丸氏談

이에 대하야 고환씨는 말하되 일본수평사가 좌경(左傾)과 우경(右傾)으로 분리되엇다 고하 [illegible]

형평사와 수평사의 제휴를 보도한 『조선일보』(1927년 1월 10일).
맨오른쪽이 형평사 중앙집행위원장 장지필이다.

교토수평사를 방문하여 기념 촬영한 이동환(앞줄 오른쪽).
그는 1927년에 교토, 오사카, 가가와 수평사를 순회 방문하였다.

조선과 일본을 전시체제로 만들면서 형평사와 수평사의 교류가 급격하게 줄어들었다. 게다가 형평사와 수평사는 제각기 안팎의 복합적인 상황에 휩싸이면서 교류를 계속 추진하기가 어려웠다. 그렇게 교류가 급격하게 줄어들면서 두 단체의 실질적인 연대 활동은 더욱 어렵게 되었다.

비록 연대 활동이 기대만큼 활성화되지 못하였지만, 형평사와 수평사는 침략과 피지배라는 두 나라 상황에도 불구하고 동료의식을 갖고 협력하며 교류하였다. 이것은 차별 철폐라는 공동의 목적을 갖고 펼친 인권운동의 국제적 연대의 선구적 본보기로 평가된다. 특히, 피차별 당사자 집단이 소속 국가의 상황과 관계 없이 인종과 국경을 뛰어넘어 협력하며 인권의 보편성을 주체적으로 실천하려고 하였다는 점이 높이 평가된다.

형평운동의 퇴조

1929년 전세계에 불어닥친 경제 공황은 식민지 조선 사회에도 커다란 영향을 미쳤다. 불황이 사회 전반에 확산되면서 형평사원들도 심각한 경제적 곤란을 겪게 되었다. 도축장 일꾼 임금이 줄고 고기값은 폭락하였다. 이러한 상황에서 회비 납부를 못하고 활동을 중지하는 사원이 빠르게 늘어났다. 간판은 달고 있어도 더 이상 활동하지 않는 분사가 많아졌다. 중앙총본부에 분담금을 못내는 분사가 늘면서 총본부는 심각한 재정적 어려움을 겪게 되었다. 1920년대 중반 사원 모금으로 마련한 총본부 사무실 건물을 매각해야 할 지경이었다.

형평운동이 퇴조를 재촉한 것은 경제적 문제만이 아니었다. 1920년대 후반 사회주의 이념에 동조하는 젊은 사원들의 영향력이 커지면서 이에 반대하는 노장층 사원들과의 갈등이 커졌다. 그러한 이념적 갈등과 활동 방향을 둘러싼 지도부 사이의 대립이 가장 첨예하게 드러난 것은 1931년에 제기된 이른바 '해소론'이었다.

진보적 소장층 활동가들은 전략적으로 형평사를 해체한 뒤 계급 운동을 위한 노동조합을 결성하여야 한다고 주장하였다. 그들은 계급 운동을 위한 전략적 해체라는 것을 강조하여 '해소'라고 이름 붙였다. 곧, 형평사를 해소한 뒤 부분별 계급 운동 단체에 참여하여 효과적으로 계급 투쟁을 하자는 것이었다. 세계 공산주의운동을 이끄는 소련의 코민테른 지시에 따라 제안된 해소론은 사회운동 전반에 커다란 파장을 가져왔다. 그 배경에는 사회운동권의 주도권과 활동 방향을 둘러싼 좌우파 세력의 대립이 있었다.

해소론을 둘러싸고 형평사원들이 찬반 입장으로 갈렸다. 진보적인 젊은 지도자들은 해소론을 지지하였지만, 초창기부터 형평사를 이끈 노장층의 지도자들은 형평운동의 특수성을 강조하며 반대 입장을 표명하였다. 이념에 따라 젊은 소장층과 나이 많은 노장층으로 분열된

모양새였다.

이렇게 활동 방향과 전략을 둘러싸고 벌어진 진보 세력과 온건 세력의 갈등과 대립이 1931년 내내 형평사를 휩쓸었다. 찬반 입장에 따라 사원들은 서로 대립하며 비난하였다. 심지어 일부 진보적 활동가들은 부유한 유산 사원이 가난한 무산 사원들을 착취한다고 주장하며 형평 사원의 동질성을 부정하였다. 그런 갈등 속에서 장지필을 비롯한 노장층 지도자들은 해소론 반대 입장을 거듭 분명하게 밝혔고, 다수의 사원이 이에 동조하였다.

해소안은 4월에 열리는 제9회 정기전국대회의 뜨거운 쟁점이 될 것으로 예상되었다. 혼란스럽게 진행된 이 집회에서 대의원 다수의 반대로 해소안이 부결되었다. 그러나 젊은 활동가들은 쉽게 물러서지 않았다. 5월 24일 경남 의령에서 열린 제2회 경남도지부 연합회와 7월에 강릉에서 열린 강원연합회에서 해소안이 제안되었다. 그러나 두 대회에서 모두 부결되었다. 일부 분사가 해소론을 지지하였지만, 전국대회나 권역 집회에서 해소안이 채택된 사례는 없었다.

결국 사회주의자들의 주도로 해체된 민족 단일당 신간회와 달리, 형평사는 많은 사원의 반대로 해체를 모면하였다. 계급 운동으로 전환하려는 급진 세력의 시도가 좌절된 것이다. 그러나 그 과정에 형평사 내에 진보 세력이 존재한다는 것이 확인되었다.

경제 불황과 이념 대립을 겪으면서 형평운동이 급속도로 퇴조하였다. 총본부 임원들이 전국을 순회하며 형평사원의 경제 부흥과 조직 재건을 위해 노력하였지만, 형평운동의 급격한 침체를 막을 수 없었다. 일제 경찰 기록에 따르면, 전국의 지사 및 분사 수가 1931년 166개에서 1932년 161개로 줄더니 1933년에는 146개로 한 해에 15개가 줄었다. 그리고 1934년에는 113개로 33개나 줄었고, 대동사로 바뀐 1935년에는 98개가 되었다. 1925년 이후 처음으로 100개 이하로 떨어진 것이다.

형평운동의 급속한 퇴조는 분사 수의 감소로만 나타나지 않았다. 간판을 달고 있어도 활동하지 않는 조직이 훨씬 많았고, 참여하는 사원이 빠르게 줄어들었다. 그러한 형평운동의 퇴조에 결정적으로 타격을 입힌 것은 일제가 조작한 형평청년전위동맹 사건이었다.

일제가 조작한 형평청년전위동맹 사건

1933년 초 일제 경찰은 이유를 밝히지 않고 젊은 형평운동가들을 잡아 가두기 시작하였다. 영문을 모른채 하나 둘씩 전국 곳곳에서 잡혀간 사원 수가 100명이 넘었다. 지역 형평운동을 이끄는 젊은 활동가들이 총망라된 듯하였다. 그들은 죄목도 모른 채 경찰서에 갇혀서 며칠간, 길게는 몇 달간 조사를 받았다. 대부분 풀려났지만, 핵심 활동가들은 계속 갇혀 있었다.

은밀하게 수사를 진행하던 경찰이 처음 검거를 시작한 지 7개월이 지나서야 사건 전모를 발표하였다. 형평사 내에 '형평청년전위동맹'이라는 공산주의운동 조직이 발각되었다는 것이다. 형평사가 공산주의 세력이라는 낙인이었다. 공산주의운동을 가혹하게 탄압하며 진보적 활동가들을 공산주의자로 몰아서 구금하는 전형적인 경찰 수법이었다.

경찰 발표에 형평사뿐만 아니라 사회 전체가 큰 충격을 받았다. 형평사가 공산주의 세력의 조종을 받았다는 의구심이 퍼졌다. 경찰 발표는 사원의 이탈을 가속화시키고 형평사 활동을 위축시키는데 작용하였다.

경찰은 피의자 14명을 구속으로, 51명을 불구속으로 검사국에 송치하였다. 검찰은 불구속된 51명을 불기소와 기소유예 처분으로 풀어주고, 구속된 14명을 기소하였다. 구속된 14명은 각 지역에서 형평운동을 이끄는 핵심적인 젊은 활동가들이었다. 그들이 감옥에 갇혀 활동할 수 없게 되면서 지역의 형평운동이 크게 위축되었다. 경찰 조사를 받고 풀려난 활동가들도 경찰의 밀착 감시를 받는 상황에서 활동을 지속하기가 어려웠다. 이렇게 젊은 활동가들이 활동할 수 없게 되면서 형평운동은 더욱 빠르게 침체되었다.

형평청년전위동맹 사건의 공판은 참으로 더디게 진행되었다. 검찰은 피의자들을 처음 체포한 지 8개월 만에 기소하였다. 그 뒤에도 피의자 예비 심문이라는 명목으로 붙잡아둔 채 재판을 진행하지 않다가 1934년 12월 28일에 비로소 재판에 회부되었다. 피의자들이 체포된 지 1년 5개월만이었다.

그리고 다시 11개월이 지난 1935년 11월 27일에야 첫 공판이 열렸다. 경찰에 잡힌 지 2년 10개월만이었다. 재판이 진행되면서 1936년 1월에 현장 검증과 증언 청취가 있었다. 피고 전원은 일관되게 혐의 사실을 부인하였다. 변호인들은 근거를 제시하며 날조된 사건이라고 주장하였다. 장지필, 조귀용 등 형평사 지도자들도 증언을 통해 변호인들의 주장을 뒷받침하였다.

1936년 3월 초 검사는 피고 전원에게 징역 3년부터 6년에 이르는 실형을 구형하였다. 판결이 3월 20일에 내려졌다. 처음 구금된 지 3년 2개월 만이었다. 판사는 피고 전원에게 무죄를 선고하였다. 일제 재판부조차 날조된 사건이라고 판단한 것이다. 단지, 이종율만이 다른 죄목으로 2년 유죄가 선고되었다.

피고들은 무죄 언도를 받았지만 풀려나지 못하였다. 검찰이 1심 결과에 불복하여 복심[2심] 재판으로 넘어갔기 때문이다. 복심 재판이 1936년 6월 1일에 시작되어 11월 20일에 끝났다. 1심과 마찬가지로 피고 전원에게 다시 무죄가 선고되었다. 11명의 젊은 활동가들은 11월 25일에 비로소 감옥에서 풀려났다. 처음 잡힌 지 3년 10개월 만이었다.

이른바 형평청년전위동맹 사건은 경찰의 조작 사건이라는 것이 학계의 정설이다. 그러나 이 사건이 형평운동에 미친 영향은 엄청나게 컸다. 1920년대 후반부터 형평운동에 활력을 불어넣어준 젊은 활동가들은 더 이상 활동할 수 없게 되었다. 민족 문제와 계급 문제에 관심이 많은 그들은 형평운동이 진보적 방향으로 나아가도록 이끌었다. 아울러 다른 사회운동 단체와의 연대 활동을 돕는 연결 고리 역할을 하였다. 그런데 그들이 더 이상 활동할 수 없게 되면서 형평사 내의 급진 세력이 사라졌다. 곧, 형평사는 온건과 진보의 두 날개 가운데 하나를 잃은 꼴이 되었다. 그러면서 형평운동에서 역동성이 사라지고, 다른 사회운동 단체와의 연대 활동도 동력을 잃게 되었다.

형평사가 활력을 잃으면서 형평운동의 종식이 빠르게 다가왔다. 온건 세력이 주도하는 형평사는 집단 이익 활동에 치중하였다. 결국 형평청년전위동맹 사건의 첫공판이 시작되기 전, 1935년 4월 정기전국대회에서 대동사로 개칭하며 이익 집단으로 전락하였다.

형평사에서 대동사로

형평청년전위동맹 사건으로 진보적인 소장층 세력이 활동할 수 없는 상황에서 형평운동은 온건파 활동가들이 주도하게 되었다. 그들은 차별 철폐와 평등 대우 문제보다 사원들의 집단 이익에 치중하였다.

그러면서 형평운동의 인권운동 성격이 빠르게 사라졌다.

1933년 4월 정기전국대회에서는 사원공제조합인 동인공제사 설립 등 경제 문제가 주요 안건으로 다루어졌다. 그리고 여러 지역에서 정육업자 중심의 수육조합이 결성되었다. 이 조합의 주요 목적은 고기 가격 인상 요구 등 정육업자의 이익 보호였다. 일부 지역에서는 수육조합 결성을 둘러싸고 이해 관계가 얽힌 사원들 사이에 분쟁이 일어나기도 하였다.

1934년 4월 서울의 천도교 기념관에서 제12회 정기전국대회가 열렸다. 회의장에는 단결과 신분 해방을 강조하며 형평사원의 공동 이익을 쟁취하자는 슬로건이 크게 쓰여 있었다. 그러나 참석자는 불과 24개 지부 대표자 50여 명에 지나지 않았다. 전성기의 400여 명 참석에 비추어 형평운동의 침체가 완연한 모습이었다.

총본부는 여러 지역에 동인공제사 지사를 설치하려고 하였지만 성과가 없었다. 1934년 12월 말 검찰이 형평청년전위동맹 사건의 피의자들에게 유죄를 구형하여 형평사 분위기는 더욱 침체되었다. 창립 초기부터 형평사를 이끌어온 지도자들이 퇴조의 흐름을 바꾸고자 노력하였지만 성과가 없었다.

1935년 4월 24일 서울 중앙기독교청년회 대강당에서 제13회 정기전국대회가 열렸다. 형평운동의 존폐와 명칭 문제를 논의한 결과, 형평운동을 계속 이어가기로 하는 한편, 단체 이름은 대동사로 바꾸기로 결의하였다. 중앙집행위원장 장지필이 "형평운동의 목표는 어느 정도 달성하였으니 이제는 새로운 방향으로 활동을 벌여야 한다."고 주장하였지만, 그것은 형평운동의 퇴조를 애써 감추려는 것일 뿐 설득력이 없었다. 여전히 사회 곳곳에서 차별이 자행되며 인간 존엄이 유린되고 있었다.

1923년 4월 24일에 진주에서 만들어진 지 만 12년 만에 형평사 간판이 내려지고 대동사가 내걸렸다. 인권운동이 끝나고 이익 집단으로 전락하였다는 것을 보여주는 듯하였다. 『조선일보』(1935년 4월 26일)는 이 전국대회 상황을 "12년 간 역사 가진 형평운동은 종언, 운동 목표도 급전향"이라는 제목으로 보도하였다.

1931년 9월에 만주 사변을 일으키며 대륙 침략을 본격화한 일제는 군부 내각 중심으로 파시스트 체제를 강화하며 전쟁을 확대해갔다. 일제는 식민지 조선을 침략 전쟁의 전진기지로 만들며 모든 산업 활동을 전시 체제로 바꾸고 물자를 약탈하여 전쟁에 동원하였다. 심지어 징용이나 '정신대'를 통해 조선인을 강제로 전쟁터로 끌고 갔다.

다른 단체와 같이 형평사도 일제의 침략 전쟁 소용돌이에 휩쓸렸다. 일제는 군화, 혁띠 등을 만드는 군수물자인 가죽 제품의 원활한 조달을 위해서 피혁 사업의 통제를 강화하였다. 가죽을 취급하는 형평사원은 일제의 직접적인 통제 대상이 되었다.

대동사는 총본부를 대전으로 옮기고 사원의 경제적 이익을 지키는 활동에 치중하였다. 집행위원장에 부산의 이성순, 부위원장에 진주의 강상호 등 지도부가 경남 유지 중심으로 구성되었다. 대동사는 사원 이익을 위한 활동에 주력하며 일제의 침략 전쟁에 적극적으로 협력하였다. 총본부는 사원들로부터 모금하여 군용기를 헌납하였고, 일부 유지들은 기관총 대금을 납부하였다. 그렇게 대동사는 일제의 전쟁 도발에 적극적으로 협력하며 형평사의 인권운동 역사를 먹칠하는 자취를 남겼다.

대동사가 일제에 부역하며 집단 이익을 지키려고 하였지만, 일제는 대동사원들의 기대를 저버리며 피혁산업 통제를 더욱 강화하였다. 결국 1940년 초 일제가 태평양전쟁과 동남아 침략 전쟁으로 확전해 가는 제2차 세계대전 소용돌이에서 대동사는 자연스럽게 소멸한 것으로 보인다.

5.
형평운동 뜻을 기리는 진주

> 형평사를 만들고 키웠던 정신은 과거만의 것이 아닙니다. 민주화로 나아가는 오늘의 정신이고, 서로를 사랑하며 똑같이 사람답게 살고자 하는 인류의 영원한 정신입니다. 그 정신을 기리고 계승하는 것은 바로 우리가 우리의 삶을 일구는 일이며, 이 땅을 더 나은 삶의 터전으로 가꾸는 자랑스런 일입니다.
>
> \- 형평운동 70주년 기념사업회 창립 취지문에서

되살아난 형평운동의 역사

형평사가 해체되고 긴 세월이 흐르면서 형평운동 역사는 사람들의 뇌리에서 사라진 듯하였다. 심지어 형평사 창립지 진주에서도 잊혀진

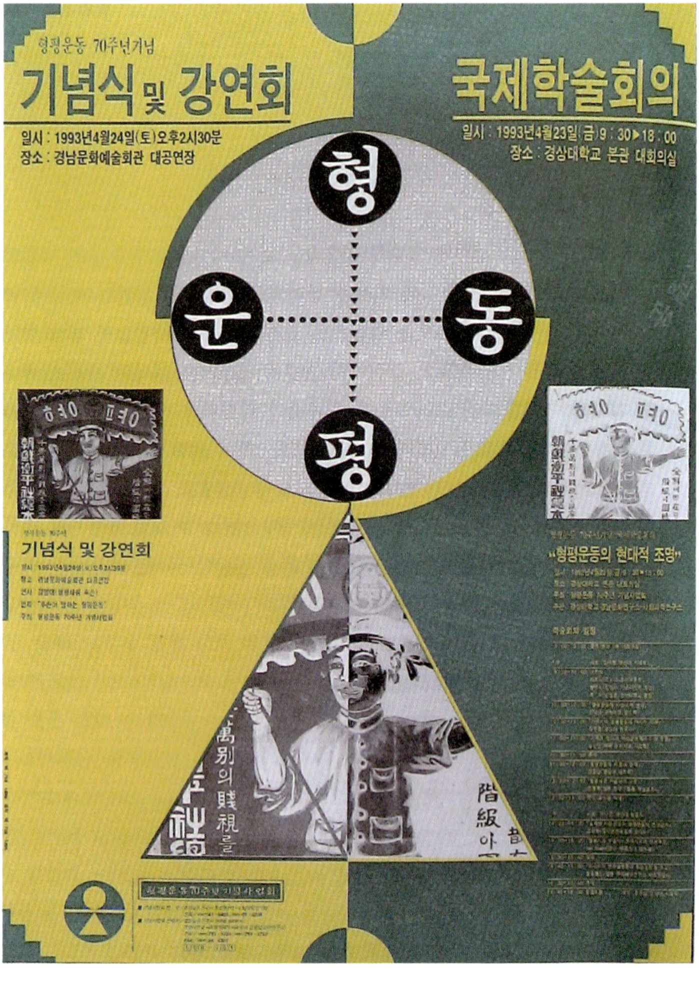

1993년 4월에 열린 형평운동 70주년 기념행사 포스터.
해방 후 처음으로 형평사 창립 기념식이 진주에서 열렸다.

듯하였다. 남북 분단의 민족 대결에서 이념적 편견이 판치고, 권위주의적 군부 독재가 통치하는 상황에서 인간 존엄과 평등 대우를 주창한 형평운동의 고귀한 역사는 묻혀버린 듯하였다. 드러내 놓고 기리는 일은 더욱 기대하기 어려운 듯하였다. 그러나 어떤 상황에서도 형평운동의 역사는 쉽게 지워질 수 없었다. 평등 사회를 향한 인류의 소망이 살아있는 한 형평운동의 가치와 정신은 사라질 리 없었다.

1992년 4월 23일 저녁 형평사 창립 69주년을 맞아 몇 사람이 진주 시내에 모였다. 그들은 이듬해 형평사 창립 70주년에 맞추어 기념사업을 벌이기로 하였다. 그리고 69년 전 형평사 창립축하식이 열린 날을 기념하여 5월 13일 저녁에 진주시 동성동 남성당 한약방에 다시 모여 '형평운동 70주년 기념사업회'를 결성하였다. 형평운동의 정신을 기리며 계승한다는 창립 취지문을 채택하고 회장 김장하를 비롯한 임원진을 선임하였다. 오랫동안 잊혀졌던 형평운동의 역사가 진주에서 되살아나기 시작한 것이다.

오늘날 우리 사회에서 신분의 잔재는 거의 찾아볼 수 없다. 물론 노비나 백정 같은 옛 신분 집단은 더 이상 존재하지 않는다. 그런데 형태를 달리하는 사회적 차별이 곳곳에 남아있다. 이런 현실을 직시하여 인간 존엄과 평등 사회를 실현하고자 한 형평운동의 고귀한 정신을 기리며 그 정신이 우리 생활 속에 실현되기 바라면서 형평운동을 기념하기 위한 단체를 만든 것이다.

이 기념사업회는 형평사 창립 70주년에 맞추어 세 가지 사업을 추진하기로 하였다. 첫째, 해방 이후 처음으로 형평사 창립 기념식을 거행하고, 둘째 형평운동의 학문적 평가를 위한 국제학술회의를 개최하고, 셋째 형평운동의 역사와 정신을 알리기 위해 형평운동 기념탑을 세우기로 하였다. 그리고 이 사업을 모두 시민의 자발적인 참여를 통하여 추진한다는 원칙을 세웠다.

기념사업회의 설립 취지와 사업 내용이 알려지자 많은 시민이 뜻을 같이하며 회원으로 참여하였다. 진주의 여러 단체가 기념사업회 일을 성원하며 협력하였고, 지역 주민들이 주도하여 창간한 『진주신문』은 형평운동 역사를 알리는 연재물을 게재하여 시민의 이해를 도왔다.

1993년 4월 23일, 형평운동 70주년 기념 국제학술회의가 진주시 가좌동의 경상국립대학교 본관 회의실에서 열렸다. 이 학교의 경남문화연구소와 사회과학연구소가 이 학술회의를 주최하였다. 기념사업회 회원, 시민, 형평운동 연구자, 일본 오사카의 부락해방연구소 회원 등 많은 이들이 참석하여 성황을 이루었다. 한국, 미국, 영국, 일본 등 전 세계 형평운동 연구자들이 "형평운동의 현대적 조명"이라는 주제로 발표하였다. 8편의 발표 논문은 단행본 『형평운동의 재인식』(솔출판사, 1993년 9월)으로 출간되었고, 그것은 일본어로 번역되어 『조선의 신분해방운동』(오사카 부락해방연구소, 1994년 9월)으로 간행되었다.

1993년 4월 24일 해방 이후 처음으로 형평사 창립 기념식이 경남문

형평운동 70주년 기념 국제학술회의 논문집과 일본어 번역본

화예술회관에서 열렸다. 형평사 창립 70주년을 기념하여 열린 이 행사는 형평운동 역사의 참뜻을 되새기고자 하는 진주 사람들의 소망을 담고 있었다. 진주뿐만 아니라 전국 곳곳에서, 또 일본과 미국 등지에서 온 800여 명이 참석하였다. 형평사원 후손 김영대는 강연을 통해 어린 시절의 쓰라린 경험을 증언하였다.

진주성 앞에 선 형평운동 기념탑

1996년 12월 10일, 48년 전 유엔에서 세계인권선언을 채택한 날에 형평운동 기념탑이 제막되었다. 기념탑은 시민들의 성금으로 진주성

형평운동 기념탑 제막식(1996년 12월 10일).

동문 앞에 세워졌다. 행사를 주최한 형평운동 기념사업회는 이날을 "인간 존엄과 평등 사회를 여는 날"이라고 이름 붙였다.

제막식에 앞서 '96 진주인권회의'가 열렸다. 진주인권회의는 일상생활에서 소외되고 차별받는 사회적 약자의 인권 상황을 일깨우며 개선 방안을 논의하는 자리였다. 진주 지역 활동가들이 지역의 노인, 장애인, 여성, 저소득층 인권 상황에 관하여 보고하였다. 일상생활에서의 인권 실행이 중요하다는 것을 인식하며, 또 다른 형평운동이 필요하다는 것을 확인하였다. 그러한 인권 인식과 실행이 형평운동의 정신을 계승하는 길이라는 공감대가 만들어졌다.

'96 진주인권회의'(1996년 12월 10일).
형평운동 기념탑 제막식에 앞서 형평운동 정신을 되새기며 진주 지역의 인권 상황을 살펴보았다.

진주인권회의가 끝난 뒤, 형평운동 기념탑 제막식이 열렸다. 기념사업회는 형평운동 70주년인 1993년에 기념탑을 건립할 계획이었는데, 부지 선정 문제가 해결되지 않아 늦어진 것이다. 다행히 진주시가 유서 깊은 진주성 동문 앞의 터를 제공하여 기념탑이 세워지게 되었다. 조선 시대 수백 년 동안 백정은 진주성 안에 살 수 없었던 것을 감안하여 그곳에 역사적으로 뜻깊은 백정 해방 운동인 형평운동을 기념하는 조형물을 세움으로써 백정의 원혼을 달래고 형평운동 역사를 자랑스럽게 여긴다는 것을 보여주었다. 형평운동 기념탑의 건립 비용은 오롯이 1,500여 명의 시민과 사회단체의 성금으로 충당되었다.

기념탑 제막식은 기념사업회 회원을 비롯한 진주 시민, 일본 부락해방동맹 활동가, 미국에서 온 임순만 반차별국제운동 부의장 등 국내외 인사들이 참석한 가운데 진행되었다. 기념탑 제막식이 열리는 진주성 동문 옆 성벽에는 “만민 평등, 귀천 부재”, “봉건적 차별 철폐하고 평등사상 고취하자”는 깃발이 펄럭이며 행사의 뜻을 알리고 있었다.

제막식을 여는 행사로 차별받던 이들의 넋을 달래며 평등 사회로 나아가고자 하는 춤이 펼쳐졌다. 진주성 앞 남강 가에 백정의 원혼을 달래며 형평운동을 기념하는 조형물이 늦게나마 세워졌다는 것을 알리는 작은 축제였다.

형평운동 기념탑 준공에 맞추어 진주시청 앞에서 벌어진 길놀이.
진주시청은 2001년에 상대동으로 이전하였다.

기념탑 제막에는 영원한 평등 사회를 꿈꾸는 미래의 주인공 남녀 어린이를 비롯하여, 형평사 창립에 참여한 사원 후손, 진주 시민 대표, 기념사업회 관계자, 일본 부락해방동맹과 국제인권기구 활동가 등 여러 분야의 사람이 참여하였다. 이러한 모습은 세대를 이어 지역과 국가를 뛰어넘어 인류 사회의 인권 보호와 증진을 위한 연대의 필요성을 보여주는 것이었다. 또 형평사가 일본의 수평사와 교류하며 협력한 국제적 연대의 선구적 활동을 기리는 것이었다.

제막식 마지막 순서로 기념사업회 김장하 회장이 형평운동 역사가 진주 시민을 비롯하여 모든 인류에 새겨지기 바란다고 밝히면서 기념

'형평사 주지' 첫머리(왼쪽)와 기념탑 건립 과정(오른쪽)을 알리는 형평운동 기념탑 비문. 글씨는 진주 서예가 솔뫼 천갑녕이 썼다.

경남문화예술회관 앞 남강변에 서 있는 형평운동 기념탑 전경.

탑 기부 증서를 진주시장에게 전달하였다.

기념탑을 제작한 조각가 심정수는 기념탑의 중심축을 이루는 "두 줄기의 나란한 기둥"을 "영원히 평등과 자유의 정신을 높이 찬양"하는 표상이라고 해설하였다. 그러면서 미래에 "가진 자도, 못 가진 자도, 배운 사람도, 못 배운 사람도, 늙은이도, 젊은이도, 그녀도, 그니도, 모두 평등의 문을 넘어 평등과 자유를 마음껏 누리는 세계"가 이루어지기 바란다고 밝혔다.

2010년대 진주시가 진주 외성에 진주대첩 광장을 조성하는 사업을 벌이면서 형평운동 기념탑은 2017년에 유서 깊은 진주성 동문 앞을 떠나 경남문화예술회관 앞 남강 둔치로 옮겨졌다. 그 탑은 지금도 형

형평운동 지도자 강상호 묘지. 1990년대 말 진주 시민이 묘비석을 세웠다.

평운동의 역사를 알리고 그 정신을 되새기는 데 제 몫을 하고 있다.

이렇게 형평운동의 역사는 70년 전 진주에서 형평운동이 시작한 것을 기념하고자 한 발상지 진주 사람들에 의해서 되살아났다. 이후 형평운동의 역사와 정신을 기억하고 기리는 활동이 시민들의 자발적인 참여를 통하여 계속 이어졌다. 또 새벼리 언덕에 오랜 세월 아무 표식 없이 쓸쓸히 누워있던 형평운동가 강상호 묘지 앞에 그의 정신과 용기를 기리는 비석이 시민의 성금으로 세워졌다. 그것은 제대로 사람대접을 받지 못하던 백정을 위해서 형평사를 창립하고 형평운동 발전에 헌신한 선각자에 대한 존경의 표석이었다.

2003년 4월에 형평운동 80주년 기념행사가 진주에서 열렸다. 행사는 형평운동기념사업회와 일본의 부락해방·인권연구소가 형평사와 수평사의 연대 정신을 되살려 공동 주최하였다. 주제는 "형평운동과 문화의 만남, 그리고 인권 증진의 국제적 연대"였다. 지역 문화 단체가 연극과 창작 탈춤 '백정'을 공연하였고, 한국의 백정, 일본의 부락민, 인도의 달리트에 관한 사진전이 국립진주박물관에서 전시되었고, 그들에 관한 초청강연회가 박물관 대강당에서 열렸다. 이 사진전은 나중에 천안의 독립기념관에서 특별전으로 열려 전국적인 관심을 끌었다. 그리고 경상국립대학교에서는 "인권 증진의 국제적 연대" 주제로 국제학술회의가 열렸고, 발표 논문을 묶은 책자가 한국어와 일본어로 동시에 발간되었다.

형평사 80주년은 일본에서도 기억되었다. 오사카인권박물관은 형평사 특별전을 전시하였고, 부락해방·인권연구소는 '진주문화를 찾아서'로 기획 출간된 이 책『형평운동』을 일본어로 번역 출간하였다. 이 번역본은 일본 독자들이 형평운동을 이해하는 데 널리 활용되었다.

2013년 4월에 형평운동 90주년 기념행사가 형평운동기념사업회 주최로 열렸고, 2023년 4월에 형평사 창립 100주년을 기념하여 진주시를 비롯한 언론기관, 학술기관, 시민단체 주최로 다양한 행사가 열렸다. 대표적으로 남강변 야외무대에서 진주시가 주최하는 기념식이 거행되었고, "형평운동의 발자취: 평가와 현대적 함의"라는 주제의 국제학술회의가 경기도 과천의 국사편찬위원회에서 개최되었다. 그리고

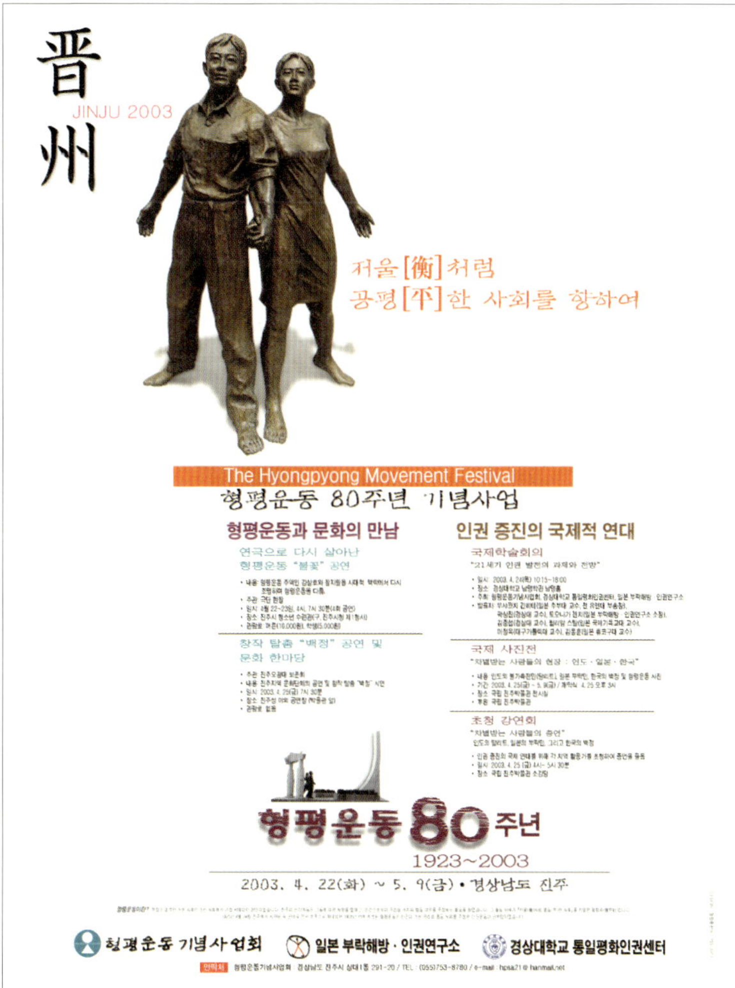

2003년 4월에 열린 형평운동 80주년 기념사업 포스터.

경상국립대학교에서 국제학술회의와 특별전시회가 열렸고, 국립진주박물관에서 "공평과 애정의 연대" 주제로 100주년 기념 특별전이 전시되었다. 진주박물관의 전시 내용은 도록으로도 발간되었다.

2023년 4월에 진주시 주최로 열린 형평운동 100주년 기념식.

형평운동이 남긴 뜻

오늘날 백정이란 신분 집단은 더 이상 존재하지 않는다. 지난 수십 년 동안 신분 차별 사례가 보고된 적이 없다. 신분 차별 관습이 사라진 것은 부분적으로 형평운동이 이룬 성과이지만, 빠르게 바뀐 우리 사회의 역사적 변동이 낳은 결과이다. 일제 강점기의 참혹한 억압 아래 많은 사람이 고향을 떠나 떠돌아다니는 유민으로 전락하였다. 또 1945년 해방과 1950년 한국 전쟁의 혼란을 겪으며 수많은 사람이 고향을 떠났다. 그리고 1960년대의 급속한 산업화 과정에서 지역 공동체가 무너지고 도시화가 되었다. 이렇게 격동을 겪으며 사회가 빠르게 바뀌는 과정에 백정 같은 신분 집단의 존재는 더 이상 파악할 수 없게 되었다.

그렇다고 하더라도 형평운동의 역사적 의미가 사라지는 것은 아니다. 조선 사회에서 가장 차별받던 백정의 신분 해방과 평등 사회 건설을 위하여 활동한 형평운동의 역사와 정신은 여전히 값진 자산이다. 불평등한 신분 사회를 극복하고 차별 없는 근대 사회로 나아가고자 하는 형평운동의 선구적인 발자취는 평등 사회를 향한 인류의 노력을 보여주는 값진 증거이다.

사람이 사람으로서 기본 권리를 누리며 존엄을 누려야 하는 것은 오늘날 모두가 존중해야 하는 귀중한 가치이다. 차별과 억압을 받으며 굴욕적으로 살아가는 것은 결코 사람답게 사는 것이 아니다. 형평운동은 그러한 억압과 굴욕에서 벗어나 사람으로 존중받으며 살고자 하는 인간 본성의 바람이며, 인간의 존엄성을 지키려는 간절한 호소였다. 인간의 기본 권리를 회복하고 평등한 대우를 주창한 형평운동의 정신은 인류 사회에 필요한 귀중한 가치이다. 곧, 형평운동은 특정 집단 백정만을 위한 것이 아니라 모든 사람을 위한 값진 역사이다.

오늘날 성, 나이, 인종, 직업, 신체 조건, 종교 등 여러 조건에 따라 갖가지 차별이 난무하고 불평등한 대우가 일상적으로 일어나고 있다. 인권 존중과 평등 대우의 형평운동 정신이 절실하게 요망되는 상황이다. 인권이 단순한 구호가 아니라 실질적으로 일상생활에서 실행되는 사회를 만들고자 하는 또 다른 형평운동이 요구된다. 그것은 특정 개인이나 집단에 한정되는 것이 아니라 인류 사회 전체를 위한 것이어야 한다.

인권 회복과 보장을 추구한 형평운동은 모든 사람이 평등하게 대우받으며 서로 배려해주는 공동체운동이었다. 인간임을 잊은 채 대립하고 갈등을 벌이며 모두가 파편화되어 가는 오늘날 사회에 형평운동이 추구한 공동체 정신이 더욱 절실하게 요구된다. 곧, 형평운동이 주창하며 실천하고자 한 공동체운동의 가치를 올바로 이해하고 실현하는 것이 필요하다.

우리 역사에 평등을 향한 노력이나 인간의 존엄성에 대한 자각이 부족하였다고 말할 수 있을까? 형평운동의 역사는 우리에게 그 답을 주고 있다. 이제 그 정신을 되살리며 기리고 실천하는 것이 중요하다. 형평운동의 정신을 일깨워 실천하는 것은 우리의 몫이다. "인간의 권리와 존엄성, 그리고 평등"을 주창하고 실천한 형평운동의 역사를 기리며, 그 정신을 우리 사회에서 실현하는 것은 우리의 과제이다.

우리는 어떤 사회를 만들어 갈 것인가? 그 답을 얻기 위하여 역사를 이해하고자 한다. 그리고 그것에 기초하여 미래를 설계하게 된다. 형평운동은 모든 사람이 차별받지 않고 평등하게 대우받는 사회를 만드는 것이 중요하다는 것을 일깨워준다. 모든 사람이 사람의 기본 권리와 존엄을 누리며 똑같이 대우받는 공동체가 우리의 미래 사회여야 할 것이다. 차별에 적극적으로 저항하며 평등 사회를 만들고자 한 형평운동의 역사와 정신은 우리의 미래 사회를 설계하는 데 필요한 귀중한 자산임에 틀림없다.

글쓴이 소개

글을 쓴 김중섭은 1981년 경상국립대학교에 부임하여 형평운동 역사를 알게 된 뒤 지금까지 형평운동에 대한 탐구를 계속하고 있다.

『형평운동연구: 일제침략기 백정의 사회사』(1994), 『형평운동』(2001), *The Korean Paekjong under Japanese Rule: The Quest for Equality and Human Rights* (2003), 『평등 사회를 향하여: 한국 형평사와 일본 수평사의 비교』(2015), 『되짚어본 형평운동: 형평사 창립 100주년을 기념하며』(2025) 등 저서를 비롯하여 형평운동에 관한 많은 글을 썼다. 『형평운동』은 『衡平運動: 朝鮮の被差別民白丁, その歴史とたたかい』(2003)으로 번역 출간되었다.

형평운동 발상지인 진주 지역의 역사를 탐구하여 저서 『사회운동의 시대 : 일제침략기 지역공동체의 역사사회학』(2012)를 발간하였고, 형평운동이 추구한 차별 없는 세상을 한국과 일본의 일상생활에서 실현하는 과정을 탐구한 저서 『인권의 지역화: 일상생활의 인권 증진을 위하여』(2016)를 발간하였다.

2019년 경상국립대학교를 정년 퇴직한 뒤 명예교수로 있으면서 진주 역사와 지역 사회의 인권 실행에 관하여 탐구하며 저술 활동을 하고 있다.

(연락처: kimjs0727@naver.com)